U1015544

营销一板砖

谈古论今说营销

王青云◎著

中国经济出版社
CHINA ECONOMIC PUBLISHING HOUSE
北 京

图书在版编目(CIP)数据

营销一板砖:谈古论今说营销/王青云著.
—北京:中国经济出版社,2020.1
ISBN 978-7-5136-5355-8

Ⅰ.①营… Ⅱ.①王… Ⅲ.①网络营销 Ⅳ.①F713.365.2

中国版本图书馆CIP数据核字(2018)第209249号

责任编辑 姜 静 陈 瑞
责任印制 马小宾
封面设计 任燕飞工作室

出版发行 中国经济出版社
印 刷 者 北京力信诚印刷有限公司
经 销 者 各地新华书店
开 本 880mm×1230mm 1/32
印 张 8.625
字 数 179千字
版 次 2020年1月第1版
印 次 2020年1月第1次
定 价 49.80元
广告经营许可证 京西工商广字第8179号

中国经济出版社 网址 www.economyph.com 社址 北京市东城区安定门外大街58号 邮编 100011
本版图书如存在印装质量问题,请与本社销售中心联系调换(联系电话:010-57512564)

版权所有 盗版必究(举报电话:010-57512600)
国家版权局反盗版举报中心(举报电话:12390) 服务热线:010-57512564

在新的市场生态环境下

好营销好比使用板砖

很多时候**一招**便可**制胜**

推荐

青云在读大学期间便开始创业。一路打拼过来，在创业过程中遇到了的不少问题，也积累了不少经验。作为一个草根连续创业者，他经历、思考、探索和使用的多是接地气的营销“打法”。

在这本书中，他总结了连续创业过程中的经验和教训，用互联网思维巧妙地分析古今案例，并从中找出共性和精髓。书中的内容既有价值，又不乏趣味性，可以说是“以古鉴今，古为今用”。在这个“大众创业，万众创新”的时代，值得创业者们一读！

周鸿祎

360 创始人、董事长

营销是一门艺术，而且是一门随着社会环境变化与时俱进的艺术。青云此书非常精妙，借用中国历史名人、经典历史事件，当代名人、当代经典案例来通俗易懂地解构营销，并用符合互联网时代特征的沟通表达方法来指导营销人如何跟上时代。

本书既能帮助老营销人思考如何在互联网时代取胜，又能给新互联网营销人补上经典营销的课，是营销人的必读书目。

黄海军

阿里巴巴集团原资深总监，众海投资管理有限公司董事总经理

本书文字读起来很畅快。我从事营销工作20年，青云书中的很多观点很有启发，深入浅出，阅读感很好。对当下碎片化传播的时代，如何创造品牌、如何抢占先机、如何有效营销，进行了系统的分析和梳理。本书不仅对我们这些老营销人有益，对刚入行的年轻人可能少走3年弯路！是一本值得细看的好书！

张国华

张家界旅游集团（000430）营销事业部原总经理，有戏传媒总经理

前言

营销就要稳、准、绝

从2010年开始，这个世界好像一切都突然加速了——我们的生活飞速改变着，生活习惯、生活方式，甚至交流方式等全都变了，不禁让人想起小时候看过的科幻电影《星际迷航》。

现在的我们，真的过上了只需一部手机就能解决衣食住行问题的生活。不到十年时间，人类从PC电脑机时代大踏步跨入移动互联网时代，而随之而来的，是商业模式和机会的改变。

面对突然来袭的新生态，我们迫切需要与之适应的新营销方式。

营销是一个聊不完的话题，也是一个对创新、变化不断做整合的技术活，还是社会学中最需要从实践中来，到实践中去的课题。所以，营销人需要与时俱进，紧跟不断变化的市场业态。

作为一名在互联网行业“征战”了十多年的创业者，我感受最深的就是“变”。大环境在变，消费主体在变，消费需求在变，销售渠道在变，产品用户在变，媒体平台在变，推广渠道在变，品牌与企业在变……一切都在急剧变化中，而且是以年、以月甚至以周、以日为单位的速率进行。这让我们很多营销人，特别是老一辈营销人，原本引以为傲的营销理论和经验都已过时，我们如今也被人戏称为“油腻大叔”。因为在这个圈子里，大家都进入了同一个起点。相应地，对于年轻人来说，他们也迎来了时代变革带来的绝佳机会！

我们如此幸运，见证并享有了每一次变革中市场带给我们的机会和红利；我们又是何等不幸，在一次次变革中，甘愿去做市场的“小白鼠”，连摸着石头过河都显得奢侈。作为创业者，也许唯一可以做的就是“以身试枪”——用经验、教训来成长和历练自己。

在这一轮轮变化中，我经历了从传统营销到现代营销、互联网营销变革的全过程，既有亲身经历，也有目睹的一幕幕潮起潮落的市场跌宕大戏。如今，那情那景依然历历在目，感慨良多。虽然市场风云变幻，但我们依然可以从这些大戏中总结出一些变化中的营销攻略（套路）。

本书从历史典故和市场营销两个维度，通过历史故事和现实营销案例，分析传统营销到新营销生态的变化过程以及新市场生态中的新营销思维和新营销套路，总结现今社会化营销、大数据营销的新特点，希望能使现在转型后的传统营销企业、市场人员、媒体从业人员、广告公司和相关营销人员，对新时代的“营销进化阶段”“营销套路”“营销思维”有一个概括性的理解。

在书中，我把这些套路比作“板砖”，从碎片化、无序化、盲目的营销特点中总结出核心点，一板砖拍下去，即使拍不倒一大片，也得砸个“坑”出来！

在我看来，随着传统媒体和广告业的下沉，大品牌之间大额资金投放、“秀肌肉”的营销时代正在落幕。“拍砖”更像是这十年来营销界最主流的玩法。前天刷着微博，昨天刷着微信，今天玩着抖音……一切看起来都有点超现实主义的色彩。

本书也可以说是我多年的“干货”收藏，其中借鉴和引用了大量业界人士的精彩观点。站在这些“巨人”肩膀上思考和创作，会加深我们对所处时代的理解，让我们保持更加清晰的认识。当然，我的立意并不是学术讨论，而是希望写一本更加接地气的书。如果它能够起到“抛砖引玉”的作用，并成为现代营销界人士的“铺路石”，将是我最大的荣幸。若是这本书能够引发营销人士更多的思考或学习，幸何如哉。

王青云

2019 年 10 月

目录

CONTENTS

第一章　以不变应万变的营销方法

第二章　品牌不同于 IP

第三章　市场发展真的可以被管理吗

目录

第四章　公关如何促进市场营销

第五章　小广告投入赢取大市场

第六章　正确使用营销这块砖

引 子

“

这是一个无时无刻不在变化的时代！我先将经常思考的几个问题分享给大家，希望能抛砖引玉，引起更多营销行业人士的共同思考与进步。

”

这是一个最好的时代，也是一个最坏的时代；这是一个智慧的年代，这是一个愚蠢的年代；这是一个信任的时期，这是一个怀疑的时期；这是一个光明的季节，这是一个黑暗的季节；这是希望之春，这是失望之冬。

《双城记》——狄更斯

“一块板砖”怎样用才顺手

板砖，传说中的民间战斗“神器”。倒不是它有多强的战斗力，而是随处可得，用着顺手，弄丢了也不可惜，怎么算也不是管制凶器，而且是哪里需要就往哪里搬。用过板砖的人都知道，实际战斗中它起不到太大的作用。有经验的老手都清楚，很多时候用板砖的最大作用就是震慑对手，这样总好过手无寸铁。

作为很多中小企业，网络营销就好比一块板砖，有肯定好过没有。在“正规军”高举巨额广告费用和渠道垄断面前，网络营销无论规模大小，总比什么也不做好，有时候一个好的创意或事件营销能让品牌和销量呈爆发性增长。当然，小资金预算能做出大效果，最终还是得看天时、地利、人和，但创新式营销往往可能获得短期红利回报。

通过正面做市场推广，想一次性在战斗中取胜，对于中小企业来说是不太现实的。整合化的市场营销是一套整体的策略和运营体系，中小企业因资源、经验和品牌影响力等多方面的原因，在真正进行市场推广的时候很难找准出力方向。所以对于中小企业来说，营销是一个不间断的小步快跑动作。在营销过程中不断创新，引起部分目标受众的共鸣，给受众一种耳目一新的感觉，这就是阶段性成功。

同时，营销和板砖还有一个共性，就是随手可得。尤其在这个信息碎片化社会中，新闻和社会热点随处可得，就像我们身边随时都能找到板砖一样。真正把握好营销的时机，把创意的价值发挥到最大，这需要大量的积累和实践技巧。

板砖在企业整体发展战略中，就如天平上的蚂蚁，在关键时刻、关键阶段、关键环节中，让天平发生决定性的倾斜，让企业走向胜利！

我们与世界相互改变

改革开放四十年来，中国社会发生了天翻地覆的变化，民营企业的出现推动了社会经济发展。信息传播从单一维度向碎片化转变。人们对于每天雪片般信息的处理方式也发生了很大变化，信息被高度分解，并随着个人的喜好被迅速差异化分类。自媒体的影响力正在不断超越传统媒体的影响力，从宏观上看是件好事，但从微观看这给品牌建设及营销推广带来前所未有的挑战。如果说上一轮的品牌和营销传播注重章法、权威、系统，现在的营销基本就是追逐利益，“短、平、快”几乎成了唯一诉求。我更欣赏长跑型品牌，毫无疑问，做企业并不是盲目赶潮流，在这个“特别的”时代里，**品牌的形成更需要有迭代和进化的思维**。对品牌而言，无论是传统时代人们熟悉的“阵地战”，还是自媒体时代普遍采用的“游击战”，品牌的成色依然遵循其惯性，即文化的延伸。

阿里巴巴一直宣称：让天下没有难做的生意！这句话不只改变了企业市场销售行为，更改变了社会的发展走向；它不仅解决了贸易信息不对称的问题，而且解决了信任和支付难题，让中小企业更方便地销售产品。其实，阿里巴巴的盈利模式主要是向中小企业销售各种推广广告位。归根结底，无论外部环境多好，只要存在市场竞争，企业最大的取胜法宝就是“顺势而为，借势营销”。

我2005年上大学主修计算机专业，大一就组建了工作室，主要是建站接外包和广告设计制作，算是中国较早一批的个人站长，所以也正好参与了中国互联网发展的过程。入行14年，回顾互联网发展的各阶段历程，我将互联网分为三个阶段，每个阶段只要掌握了其中的本质，然后参与其中，基本上都能抓住机会。

第一阶段：解决信息不对称。

百度、淘宝基本上都是在这个阶段发展起来的，它们的核心是解决用户查找信息并进行互动交易的过程。在此阶段，卖家和买家都无法顺利找到对方。百度、阿里、慧聪等众多公司所做的事情就是吸引更多的买家成为它们的会员，然后让商家付费。在这个过程中，很多制造业企业抓住了机会，进入了飞速发展期。

第二阶段：更好的生活消费。

支付宝、京东、美团等公司在这个阶段飞速地发展起来。这个阶段的主要机会源于中国智能手机的普及，基于移动位置服务（Location Based Service，LBS）成为主流。对于普通消费者来说，其带来了一种全新生活方式，足不出户便可吃遍周边，出门不带钱包，购物今天付款明天收货，等等。

在这个过程中，全民网上创业、网上购物、网上消费、网上投资等全新生态商业链应运而生，尤其是2009年淘宝开始推广“双11”后，中国互联网消费进入一个井喷期。2017年“双11”再次创造了新的纪录：1682亿元。开场3分钟后，天猫交易额就突破了100亿元，9小时突破1000亿元。此后不久便顺利超过了2016年“双11”全天的交易金额纪录，再次成为世界上规模最大的单日购物活动。单就数字而言，这一创纪录的1682亿元，超过了冰岛或喀麦隆全年的国民生产总值。

由此可见，其所带来的经济影响力非同小可。TOC服务类型的企业迎来了发展最快的时间段，并且某些品牌一跃而起，甚至是直接IPO上市。

第三阶段：社会化营销时代。

随着微博、微信、今日头条、秒拍、快手等越来越多的公司突然间的火爆，中国进入社会化营销阶段。文字、视频、直播、个性化推荐等一系列的信息传递方式逐渐成为人们生活中的主流，并且都是以用户创造内容（User-generated Content，UGC）为主，每个人都有了成为明星的机会。中国互联网由此进入一个全民社会化营销的全新时代。

社会化营销究竟有多火多重要？举一个例子，2016年12月29日，媒体圈被一条新闻刷屏了。百度以近亿元的价格收购自媒体“李叫兽”，并且宣布这一自媒体账号作者李靖携团队加盟百度，任副总裁。李靖也因此成为百度最年轻的副总裁，突破了李明远创下的纪录。

公开资料显示，李靖出生于1991年，是一个标准的“90

后”，2015 年 7 月创办北京受教信息科技有限公司，带领团队研发一系列营销方法论与工具。过去几年，李靖通过公开课和自媒体“李叫兽”等方式，在营销业内具备了一定的知名度。在虎嗅、知乎等各大互联网平台上，“李叫兽”已经发布了上百篇稿件，几乎全部以营销方法为主要内容，这也从另一个角度说明了现今社会化营销中“个人意见领袖”的价值体现。

在这个过程中，商业化最快、最普及的就是微商了。《中国青年报》社会调查中心对 2000 人做的问卷调查结果显示：微信朋友圈中 69.9% 的人有过微商购物经历；而有关对“微商”的信赖程度，受访者中的 5.7% “非常信赖”，34.1% “比较信赖”，42.2% “一般”。

未来，社会化营销将会进一步发展，通过不同的方式和展现形式，社会的明星群体必将不只限于影视圈，明星碎片化将是一种趋势，其中自然就会存在着越来越多的商业机会。

世界在变，我们也在变，这就是一个无时无刻不在变化的时代！以下我分享几个经常思考的问题，希望能抛砖引玉，引起更多营销行业人士的共同思考与进步。

互联网营销与传统广告

我从 2005 年入行广告行业起就一直在说互联网营销的“狼”来了，传统广告必须转型到互联网广告，那些老一套的硬广告即将“失业”。然而十多年过去了，现在互联网确确实实已经改变了我们的生活，但它革了传统广告的命了吗？尽管我不能武断地得出结论，不过我们可以从以下几个方面思考，相信每个人最终会有自己的判断。

一、全民互联网对营销带来了哪些影响

互联网已经成为社会的基础“配置”，所有的商业交流模式和传播模式都会被重新构建，现在我们所谈到的移动支付、电子商务、知识付费、人工智能等，都是建立在互联网的基础上，下一个时代浪潮将会在这些基础之上爆发性出现。我们原来需要去逛街买东西，现在用手机就可以买；原来我们出门要带钱包，现在带个手机就可以了；原来资产是现金和房子，未来可能是数字货币；以前需要给车加油，然后自己开车走，现在车不仅不用加油，还可以自动驾驶……我们突然发现科技和互联网正彻底改变着我们的生活，让资讯传递变得更快，让生活变得更丰富多彩。传播环境在不断变化，我们很难再用统一的标准去固化衡量。

传统媒体很难迅速创造爆发性营销效应，反倒是很多社会

热点事件通过互联网快速传播发酵并快速消亡。企业在互联网上做营销推广也并非易事，很多企业花的推广费用都如石沉大海。譬如，近几年不少企业开设了自己的公众号，每天保持内容更新，聘请专人运营，然而很快又陷入自说自话的窘境。公众号成了传播的鸡肋，放弃不甘心，不放弃又达不到实际效果。互联网是个裂变且多元的信息传播网络，企业精准地理解和运用互联网显得尤为重要。

如今，企业不再需要印刷那么多宣传材料，广告宣传的时效性在缩短，品牌的建设变得艰难，所有的推广都指向用户转化和订单转化。市场营销的方向也随之发生了改变，很多常常挂在嘴边的词汇过时了，大谈品牌价值“以人为本”仿佛是昨天的事儿。而事件营销、口碑营销也显得落伍了。如今，大家讨论的是网红经济和眼球经济。

传播方式的变化反过来倒逼企业改变市场营销的行为。拉高一个维度来看，传播方式只会不断进化，因为我们已无法退回到只依靠报纸来了解世界的简单需求了。互联网带来的是时代的更迭，就像工业时代取代农耕时代一样，播种机和人力播种的区别除了方式不同外，还有效率不同。而商业的本质是逐利，逐利的本质是效率。

二、传统广告和传统商业是否真的没落了

互联网电子商务和移动支付的兴起，使传统商业受到前所未有的冲击，挤压了原本因为信息不对称带来的利润。未来区

块链的兴起，将让传统互联网瞬间变成古典互联网，广告传播的形态可能也会随着区块链技术的普及而改变。那么，电视广告、电台广告、地铁广告、公交广告等传统广告媒体的传播价值是否还存在？如何去评估呢？

人是活在真实世界的，所有的感受都是立体的。传统媒体在真实世界传播中的价值肯定存在，就如同电子商务再怎么发达还是没有办法完全替代传统商业，因为现实生活中的亲身体验价值是互联网无法替代的。我们坐车听到的广播、坐地铁看到的平面广告、电视里看到的 TVC、逛街看到的专卖店，实际都是现实生活中不同的广告传播体验，这些是互联网无法替代的。

但在这个媒体碎片化时代，每个企业的营销推广预算都不可能做到媒体全覆盖，在用户和订单转化的压力之下，自然要选择更能实现营销目标的媒体来传播，传播见效周期长、数据难跟踪、受众影响力也模糊不清的传统媒体自然就容易处于被动地位。

过去没有互联网、信息不对称，是传统媒体占主导地位的时代，几乎所有的传统媒体不管是否给企业主带来了实际价值，投放费用每年都会涨。从某种程度上来说，传统媒体的价值被大大高估了。2005 年以来，即使在传统媒体高度发达的美国，《西雅图邮报》《基督教科学箴言报》《电视周刊》等都纷纷停止出版印刷报刊。而在我国，停刊、电视台无广告

“裸奔”也不是新鲜事。可见，传统媒体的衰退既不是美国故事，也不是中国故事，而是一个全球性故事。在互联网时代到来时，泡沫被挤破是时代变革的必然结果。

三、移动时代了，广告营销是否还能愉快地玩耍

倒退 15 年，传统媒体占主导地位的时代，从准备好广告稿或 TVC，到媒体开始排期投放，再到市场反馈，起码需要三个月以上，甚至半年以上都是常态。而在互联网时代，时间变得更宝贵，效率变得更重要。企业的市场推广通过互联网广告、社会化营销、网红直播等方式传播，准备、开始、投放、反馈这一系列流程甚至可以在同一天完成，当天就能看到数据转化，并可以实时改变营销策略或投放方向。这大大提升了企业市场营销的效率，也为企业更快的发展提供了支持。因此，我们经常会看到很多年轻的品牌迅速崛起。

电商的崛起，让我们过去看不到的用户转化变得真实可见。每天电商的运营人员都要在后台出价购买当天的用户流量，根据关键词的匹配度和出价，商家每天都可以算出当日的收入。阿里巴巴在招股书上描述得很清楚，广告收入是阿里巴巴最大的收入来源。

当然这种商业模式下的品牌也有明显的软肋，即品牌营销能力太低。很多淘品牌习惯了流量转化模式后，根本不会在建设品牌和市场营销上注资。2014 年前后曾经热闹过几年“出淘”潮，很多在淘宝上崛起的品牌都希望建立属于自己的生

态体系，摆脱淘宝的束缚。这些淘品牌试图通过自建 B2C 网站、APP 的方式笼络消费者。然而，轰轰烈烈地折腾了几年后，“出淘”的品牌几乎都被不可逆的社会发展趋势和流量成本打败，最后灰溜溜地回去了。

结果反而是后加入电商领域的传统品牌，在电子商务上后发制人。究其原因，首先是传统品牌的影响力已经根深蒂固，其次是传统品牌的渠道已经遍布全国，再加上电子商务更是如虎添翼，传统品牌迅速成为各种类目的前几名。传统品牌凭借其品牌影响力，加之互联网的助力，摆脱了渠道束缚，直接与消费者互动，成为这场电子商务竞争的主要赢家。

互联网科技除了带来消费，还带来了社会进步，更催生了新的营销形式，未来企业可以通过互联网与目标消费者进行更直接的互动。

四、爆发式的网红 IP 经济是否让你手足无措

自从有互联网以来，网红其实一直在影响着我们，在论坛时代、博客时代就有网红。如徐静蕾，作为一个明星开辟自己的博客并创立网络杂志，在那个时期的互联网上产生了巨大的社会影响力；再如后来的凤姐、犀利哥。

如果说 PC 时代网红可圈可点的话，到如今这个移动时代的微博、微信自媒体时代，网红则呈现裂变式爆发性增长，更多聚合在视频直播媒体上。我们听到太多短期爆发的网红，最有代表性的算是 papi 酱，开了个广告招标会，门票卖到 8000

元一张，还一票难求。

“嗅觉”灵敏的淘宝网很快就开通了淘宝直播，2016 年“双 11”，某个网红两小时直播便给商家带来破亿元的销售额。这不仅仅归结于淘宝网巨大的流量优势，也印证了网红强大的带货能力。

这几年各路商家纷纷投向网红直播，让直播网红的身价不菲，鱼龙混杂难辨真伪。某个有 10 万粉丝的网红每次 2 小时直播可以报价 10 万元，而另一个有 10 万粉丝的微信公众号头条推荐可能连 5000 元都成交不了。这就形成了鲜明对比，同为互联网社交媒体，为什么网红传播成本远高于公众号？观察这个现象可以简单概括出三个特征：

第一，媒体的创新性会带来新的用户流量红利，吸引广告主往里面砸钱，形成一个选择趋势。

第二，可视化的媒体比说教化的媒体更能拉高参与者的互动感和好奇心，从而对广告或互动有更多的包容度，广告效果会比以往更好。

第三，个人 IP 价值的传递在这个信息碎片化的时代被认同。

其实还有更非主流层面的维度，需要从更深的心理层面去理解。互联网时代充满了变量，就像声学传播中的多普勒效应——高速的火车拉着汽笛高速驶来，由远及近时振聋发聩，由近及远时渐渐式微。

不管怎么说，网红经济的爆发，着实让很多品牌主措手不及，这完全是不按套路出牌的传播形式，什么明星效应、品牌感受、目标用户、销售转化等，过去在其他媒体形式上可衡量的参考标准，在网红传播上好像都不那么好用。真实参与其中你更会大跌眼镜：真有网红一次直播就获得打赏超过 100 万元，确实有企业请了某个网红直播一次就卖了超过 1000 万元的货，也的确有品牌主将新品发布会转为网红直播发布会，众多网红为现场带来超过 2000 万的直播流量。

记得崔建以前唱了首歌，“不是我不明白，这世界变化快……”很多新事物我们还没搞清楚，那股热潮就过去了。2015—2016 年风靡了全国的微商，相信很多人听到了各种版本的创富神话。但是，恐怕很多人还没热过来，那股风就过去了。微商的崛起就与网红有很大的关系。

不管怎样，这些年摆脱了教科书式传播的商业模式，在不断洗刷我们陈旧的价值观和经验。面对新事物，只有感受变化、拥抱变化，才能适应变化。

从美国总统竞选看社交媒体

就世界营销推广而言，“美国总统大选”是当之无愧的最具有影响力和花费最高的营销。全世界的人都会有意无意地参与这个营销公关活动中来。

看“推特总统”选举，从最初竞选时提交的财务信息来看，纽约地产大亨特朗普拥有0.78亿～2.32亿美元的现金。2008年奥巴马竞选总统的花费达到7.29亿美元，而2012年奥巴马连任竞选时也花了7.2亿美元。据联邦选举委员会（Federal Election Commission，FEC）的数据，美国总统大选2008年总共花费16亿美元，2012年花了13亿美元。美国《纽约时报》于2016年12月8日晚公布了总统竞选的募款数据，希拉里及其盟友竞选全程共募得大约10亿美元（约合65亿元人民币），特朗普的募款金额则在6亿美元（约合41.4亿元人民币）。

美国总统竞选之所以需要募集这么多资金，是因为它需要巨额经费来负担多项竞选活动的宣传和背后庞大团队的运作。广告是其中一个大头，为了获得更多的出镜机会，各位候选人都在广告上砸下重金，2012年奥巴马的连任广告就花掉4.8亿美元。在这些高额推广费用中，以电视、报纸、杂志等为代表的传统媒体，一直是最大受益者。

然而，被誉为“推特总统”“推特治国”的特朗普上台，却完全颠覆了人们的认知。一直不受传统媒体待见的个性特朗普，从竞选开始就没有给过媒体好脸色，更不可能给予这些媒体多少广告费。就好像是战斗偷袭一样，特朗普完全不按常规出牌，他将大多数的营销放在了社会化媒体上，通过不断的话题营销小步快跑，不断将自己的理念通过夸张的言语传达给受众，在精神上进行偷袭。

竞选获胜的特朗普特别提到，社交媒体（也就是社会化营销）让他在数字和传统媒体上少投入了很多的广告费用：“我觉得社交媒体的影响力，比花钱的影响力要大得多。”

尽管硅谷一众科技大佬纷纷反对共和党候选人唐纳德·特朗普，不过，在接受 CBS《60 分钟》节目访谈时，特朗普仍表示，自己的当选，还是要感谢 Facebook（脸书）、Twitter（推特）、Instagram（照片墙）平台的影响力：“我认为这帮助我赢得了一路的胜利，即使对手的开销比我高出很多。”

毫无疑问，社交网络已经成为美国选战的重要公关平台。不过，民众关注的不一定都是大议题。特朗普在推特上向高尔夫球名宿杰克·尼克劳斯祝贺生日，获得超过 4000 个“赞”；他最大的民主党竞选对手、前国务卿希拉里·克林顿同一天发表政策类推文，所获点赞数却只有他的一半。

特朗普明确知道自己在各大社交媒体平台上拥有 2800 多万粉丝，且数量与日俱增：“Twitter 和 Facebook 等社交媒体，是一种非常棒的沟通形式。不是我有多喜欢，而是它们确有价值。无论媒体吹捧或贬低，社交媒体都给予我巨大关注。”

特朗普表示自己在成为总统之后，还是会收敛一下社交网络的使用程度：“即使要用到 Twitter 或 Facebook，我也要非常克制。”特朗普当选美国总统后，政治记者们中间流行这样一个段子：以后报道突发新闻只需刷特朗普的 Twitter。而白宫发言人的起手句式也会变成：“总统不是那个意思，一则推文最多只能写 140 个字……”

社交网络不仅是特朗普赢得首次大选的法宝，还成为他今后内政外交政策上重要的输出口。

虽然 Twitter 或 Facebook 拒不承认影响和帮助特朗普获得胜利，但不可否认的是，美国民众通过社交媒体认识和了解了一个真实的特朗普，对特朗普的治国理念也有一个直观的了解。知道自己心目中要选举的总统是怎样的“耿直”和“叛逆”。

特朗普赢得大选，其实也是社交媒体与传统媒体交锋的胜利，是新时代社会化营销的胜利。也许正是如此，特朗普当选后，与美国传统媒体关系并没有因为当选而改善，反而显得更为焦灼和激烈。特朗普更是多次直接抛开白宫新闻发言人这一官方渠道，继续自己的“推特治国”。

社交媒体的力量已经开始改变世界格局了！

第一章

以不变应万变的营销方法

1

“

营销的核心是互动与社交，即要基于社会化营销，不断通过市场反馈进行分析，让营销变得可看、可用、可控，最终建立全面的营销体系。好的营销如同打太极一样，招式完整，借力打力，能真正以不变应万变。

”

人都潜藏着五种不同层次的需要，即生理需求、安全需求、社交需求、尊重需求、自我实现需求。这些需要在不同时期表现出来的迫切程度是不同的。

美国著名社会心理学家 亚伯拉罕·马斯洛

（Abraham H. Maslow）

“营销”是在科技高度发达后产生的社会学名词，20世纪初由美国人最早提出。最早的“营销”思想的产生是自发的，是人们在解决市场问题中总结出来的。直到20世纪30年代，人们才从科学的角度解释这门学科。在过去的中国社会经济中，虽然没有营销一词，更没有形成系统的营销概念，但营销行为却一直贯穿整个社会发展过程，特别是在政治领域，“货与帝王家”是古人最早的营销学目标。以变化应万变似乎是合理法则。

举个例子，在上古时期，“姜太公钓鱼，愿者上钩”是最早的营销包装造势；春秋战国，诸子百家的仁人志士，纷纷向各诸侯国兜售自己的治国、改革理念，充满着营销学的智慧和痕迹；后来，每到“分久必合，合久必分”，社会处于动荡时期时，也往往是社会营销最为发达的高峰时期。古代中国社会，有着大开大合、循环往复的特征，在改朝换代、时代更迭期，最终的赢家往往是最懂得营销的人士。他们将自己的理念宣传、推广给追随者与大众，并得到社会认同。

中国的历史文化博大精深，营销的“营”字即有“谋”的含义。**营销的本质在于打动目标客户的心，与目标客户产生共鸣，并得到强烈认同。**这与古代的智者“攻心为上”有着极其相似的特征。但在市场领域内，我国深受儒家文化中重农抑商思维方式的影响，使中国商人面临虽然善“谋”，但缺少市场土壤的困境。

而西方正好相反，成体系化的市场营销理论于20世纪初诞生于美国。随着工业革命的开始，世界经济进入大航海时代。为了在竞争中获胜，自然而然产生了市场营销思想，以解决人们遇到的各种市场问题。工业革命时期，最早的科技创新是瓦特改良了蒸汽机，而蒸汽机的运用催生了一款更高效的纺纱机——珍妮纺纱机。工业效率的提高，又进一步地激发了人们从农田走入工厂的愿望。高质量产品的高效输出，促成社会突破了“自给自足”的局限，人们开始寻找外部市场。当西方人开始寻找外部市场时，市场土壤便产生了，国际贸易也随之产生，营销的革命拉开了帷幕。

古人有言，形而上者为之道，形而下者为之器。西方人因为技术的突破，首先形成了颇具规模的“器”的诞生（如蒸汽机、电力、石油），而“器”的大量运用又产生了与之相应的理论，并逐渐上升为学科——经济学。营销学正是脱胎于经济学“母体”的学科，美国“现代营销学之父”菲利普·科特勒给出的解释是：营销学是一门建立在经济科学、行为科学、现代管理科学理论基础上的应用科学。

经过近一百年的演变，现代企业营销经历了多个发展阶段。为了适应社会发展需求，当代营销业的营销模式甚至发生了脱胎换骨的改变。就像前文提及的传统媒体的困境，社会需求的改变，可以对某一行业造成连根拔起式的变革。在我们看来，变革就像发生在昨天的事儿。所以，**我们谈营销，是有时效性的，它没有武功秘籍，只有见招拆招。**

基于此，对于营销的定义、市场的区分、品牌的发展，在学术基础上衍生了众多概念和词汇。虽然风云时变，但江湖规律仍在。概而言之，营销流程可以划分为四个主要阶段：产品销售期、渠道分销期、品牌推广期和社会营销期。

第一阶段：产品销售期的营销

产品销售是整个商业逻辑的核心，毕竟我们所有的营销都是为了把产品更好地销售出去。

产品是营销的起点，贯穿整个营销过程，企业产品上市是营销的开始。市场对企业的认识来自产品本身，品牌只是商标、符号，企业的成功取决于两个核心要素，即产品质量（功能、创新、独特性）、产品价格（成本与售价）。

一直以来，营销界更多侧重对产品生命周期（Product Life Cycle，PLC），即产品的市场寿命的研究，也就是一种新产品从开始进入市场到被市场淘汰的整个过程。比如，传呼机、功能性手机、数码相机等电子产品，随着科技的发展，类似产品的生命周期会越来越短。产品寿命是指市场上的营销寿命，产品和人一样，也要经历形成、成长、成熟、衰退这样的周期。就产品而言，也就是要经历一个开发、引进、成长、成熟、衰退的阶段。而这个周期在不同技术水平的国家里，发生的时间和过程不同，其间存在较大的差距和时差，因此也反映了同一产品在不同国家市场上竞争地位的差异，从而决定了国际贸易和国际投资的变化。

在产品销售期，两大利器决定营销效果：一是产品独特性，二是产品价格。

一、产品独特性

论及产品独特性，不妨举一个我亲身经历的事情。2010年大学毕业后，我直接来到北京。作为农村小子的我，一进城就被如火如荼的团购行业吸引了，觉得互联网真正开始改变大家的实际生活了。于是我跑遍北京的人才市场寻找团购公司的招聘摊位，终于找到一份在第一团购网任职网站编辑的工作，也正是这份工作改变了我的人生。

由于我学的是计算机专业，上大学期间一直是半工半创业状态，所以我很快在公司站稳了脚跟。我仅用了三个月的时间，就从网站编辑升任公司的首席运营官（Chief Operating Officer，COO），全面负责网站的营销推广工作。

从互联网技术的角度来说，做一个团购网站一点都不难。真正的难点在于能否找到大家喜欢的团购产品，尤其早期团购是每日一团模式，也就是我们需要从几十个待上架产品中找出一个能吸引大量用户购买的产品。于是，为了获得更多的用户，上架各种能吸引眼球的产品，烧钱做补贴成为当时团购网站的常态。我们公司也因此陷入这种竞争困境，后来没有做大。最终，那一批团购网站几乎都倒闭了，只剩下了美团和聚美优品两家。

反思其根本原因在于缺少独特性，那几年大家都是一味求全，希望用户团购的任何产品都能上自己的网站，尽可能通过做更多的业务获取更多的利润。于是，大家最终都变成了一样的网站，变成了跟淘宝类似的商城模式。而活下来的两家却找到了自己的独特性，并且至今仍在持续运营。美团，专注于餐饮类消费，并且后来衍生出美团外卖；聚美优品，专注于化妆品的实物类消费。

大而全对于创业公司来说实在太难成功，反倒是小而美的独特性公司往往能找到更好的机会。互联网公司是这样，传统实业公司更是如此。

2012 年，我看到团购行业洗牌已接近尾声，而当时炒房开始进入火热阶段，所以准备进入家居行业。于是，我花了半年多的时间离开北京的互联网圈子，尝试了解传统家居行业是否可以互联网化。

在那个阶段，我发现国人在制造业将创新精神发挥到了极致，任何产品都能玩出新花样。以家居建材行业用材最少的照明产品为例，在国外，照明产品只有灯具与光源两类。然而国人却以超乎想象的发明和创造力，制造出品类繁多的灯饰，根据用材、款式、风格、用途等划分出现代灯、五金灯饰、水晶灯、吊灯、风扇灯、羊皮灯，不一而足。而每一品类都将市场细分理论用到极致，每一个细分的品牌又派生出不同的风格，形成花样繁多的单品冠军。每一个品类因为产品特色，形成独特的市场印记。比如，金达专业做水晶灯，新特丽主打五金现代灯饰，海菱专门做羊皮灯。

不仅在照明行业，家居建材行业的陶瓷、家具、五金、门业、布艺等，都形成了一系列众星捧月的单品冠军与细分品类，从而占据细分市场。**让产品等于品牌**，这也算是中国特色的产业发展与单品制造了。

然而，需要注意的是，从传统渠道销售的角度来说，产品品类太多会导致销售成本上升，无法单点突破，跟风跟潮流的现象严重，很难形成大的企业。从策划的角度看，一个品牌的产品定位需要有一条主线，然后根据这条主线延伸周边产品。我们会发现真正有影响力的生产企业，都是在某一个产品或者风格中保持独特性，在原有的品牌形象基础上微创新，这样产品生命就具有了延续性。宜家就是非常典型的产品等于品牌的例子，简约的风格并不妨碍它有众多的品类，当人们想到某种风格的时候就会想起这个品牌。

与国内的“极致创新”不同，宜家的创新更像“微创新”，如带有缓冲功能的抽屉，又如一个伸缩的水龙头，再如防止孩子磕碰的桌子……营销的老手一看就会明白，宜家的“微创新”不是“头脑风暴”或突发奇想而形成的。这些“创新”几乎全部来源于真实的生活，或者说，是为了解决生活中的烦恼而诞生，没有大刀阔斧改头换面，而是细致入微地观察总结。

走进宜家，人们的第一感受就是浓厚的生活气息，让人立刻产生亲切放松的感受。那么，宜家产品的独特性是什么呢？不需要营销专家去总结，随便一个客人走进去，马上就能得出标准答案：构建愉悦的生活氛围。

二、产品价格

对于价格而言，国内市场经历了两个阶段：一个是规模化效益；另一个则是管理出效益，精细化。

进入21世纪的中国，面临一个制造大爆发的产业发展时期，这个时期的特点就是产能跟不上、员工招聘难、企业圈地规模化发展。这些特征都表明产品规模化具有庞大的需求。在20世纪末，中国制造业实际上也的确完成了制造大国的经济战略发展目标。但现在反观过去，当时的制造业处于规模化效益阶段，通过量化生产赚取其中的差价，而不是放大价值。

我一直认为，**价格是质量和价值的双重体现，生产成本决定质量，而营销成本决定价值**。人是感性的动物，就拿加多宝来说，营销主推“怕上火喝加多宝!”我们仔细想一下，这句广告词本质上说什么了吗？上火和喝加多宝有什么必然联系吗？他有说喝了就不上火了吗？一切的根源还是在于它给了你一种喝了不会上火的心理暗示。正是这种心理暗示，将成本很低的饮料卖出了非常高的价格，这就是营销决定了价值。

好的营销能同时提升销量和利润。

对销售期的企业来说，整合营销还是一个比较难理解的概念。更多时候，企业会变成纯粹的生产厂商，最多的营销套路就是价格战和渠道战。谁的价格低、渠道关系好，谁就销售得好。这种套路现在还是很多传统企业的保留“板砖”，一招走遍天下。

打造出产品的独特性与高性价比，成为这个阶段的营销核心。产品独特性塑造大致有内外两种方式：内是产品本身，即产品功能独特性塑造、产品款式设计、产品用材特点、在包装上形成产品特点；外是产品对于用户的区分，如按照性别、年龄、区域以及社会属性进行区隔，在这方面更多是通过细分用户、塑造消费概念和贴上标签等方式，形成不同的产品属性、概念、特色。

价格是市场销售与开拓的利器，定价也是一门充满艺术的市场策略，现在市场上采用的定价策略主要包括高端定价策略、中端大众价格、低端竞争价格。在这三种策略基础上，又衍生出高端品牌定位、大众消费的高性价策略等。

对于一些企业而言，在保持市场竞争力的同时保障企业利润，采用多产品组合策略，形成“高中低”不同产品线，甚至定期推出促销、爆款、倒贴产品以达到市场拓展目的。当然，对于研发制造和产能足够的企业，还可以采取多品牌策略以区分市场价格。

无论怎样，“高中低”市场组合和搭配需要根据企业自身实际情况和所处市场特点进行灵活运用，除一线龙头品牌外，更多的企业采取的是跟随定价方式，也就是在目标市场上锁定自己竞争对手产品的价格，做相应的降价或者加价，这往往是最为稳当的市场价格手段。

第二阶段：渠道分销期的组织

说到渠道，大多数人想到就是招商加盟。这的确是营销历史上一次非常伟大的创新，它打破了销售的地域限制。

人类最原始的贸易形式是物物交换，集市交易即是远古时代会展业的早期雏形。欧洲集市起源于古希腊的奴隶市场，希腊是典型的小国寡民的城邦国家，为了扩大本国的势力，兼并更多的城市，只有通过战争来实现。而战争会带来大量的俘虏，这些俘虏成为很好的劳动力。城邦的主人会将这些俘虏卖给当地的有钱人，从而积累大量的财富，将这些奴隶作为本国生产力发展的基石。

在海外，商人又将这种方法运用到自己的对外贸易中，促进了欧洲集市的形成。在国内，国人则一直沿用集市进行商业发展，直到现在不断衍生出商业街、专业市场、综合市场、商场。

在这一阶段，对于企业而言，渠道就意味着销售，网点数量意味着销量，口岸则成为中转站。为此，从 20 世纪到 21 世纪初，渠道开拓成为企业营销的根本，网点数量与质量决定着企业的销售规模，成为衡量企业营销成功与否的标准。

在渠道上，企业往往选择从三个方面投入重金营销：一是销售团队组建，打造一支专业的招商、销售推广队伍；二是终端店面建设，大量招募经销商、分销商和终端店，形成市场销售网络；三是广告宣传，但初期广告投放的目的不在于品牌建设，而在于吸引更多客户加入销售体系，或者帮助渠道进行产品分销和市场推销，即促销。

渠道为王的营销时代，催生了中国渠道新型业态。欧美国家集市的发展转向了大会展、大型综合体，诞生了成熟的商业连锁体，如沃尔玛、家得宝等。这些渠道巨头牢牢控制市场命脉，至今仍决定着欧美国家生活与商业业态。国内则不然，由于历史及政策的原因，国内集市经历了街边摆摊、入户经营、集中专业市场、综合商场的转变，渠道则被千千万万的商家、卖家、二道贩子所占据，他们以专业市场为依托，开设仓库、开设门店、发展下级分销商，形成了省级（省会）、市级、县区、门店多层次的销售网络。虽然越来越多的企业开始尝试渠道营销扁平化，但并没有在根本上改变围绕行政建制上的渠道销售布局，直到网络销售的崛起，才真正彻底颠覆了传统渠道的三角形格局，倒逼渠道扁平化。

谁控制渠道谁就是市场的王者，连锁经营则是渠道营销竞争的制高点。十年前，在家电领域，苏宁、国美等连锁家电卖场控制着中国家电销售市场的命运；在建材领域，红星美凯龙与居然之家成为集合家居和建材资源的卖场。而现在，京东和淘宝正在改变这一现状，扁平化的网络聚合了不计其数的卖家和买家。通过扁平化的买卖方式，让过去的传统卖场变得门可罗雀。

火爆的电商，本质上也是销售渠道的一部分。2008 年前，淘宝是一批无渠道、无品牌、无销售、无营销的商家云集的卖场。他们将扣除传统渠道成本的低价商品甚至是库存商品，用短平快的低价冲击方式，快速形成了一个全新的销售模式。

在传统渠道领域，营销投入已经远超产品本身。最具代表性的就是家居建材行业，一块瓷砖的出厂价只有 10～30 元，在终端则卖到上百甚至数百元。之所以如此，主要原因有三：一是店面租金负担，动辄数千平方米甚至上万平方米的店面租金每月都在 10 万元以上；二是店面装修日益豪华，带来的是装修业的繁荣；三是日益叠加的分销层层加价。

传统的渠道领域内，“水涨船高”是每个商家都要应对的问题。而电商的崛起，直接使渠道扁平化、去中间化，其带来的效果是：过去顾客登船，船家要考虑水和风向，去抢最利于顾客上船的位置；而在电商时代，码头有很多船，也有很多顾客，顾客上哪条船由其自主选择。所以，电商渠道扁平化给需求方带来了更大的“主动权”，方便了顾客。所以传统零售门店日渐冷清、高利润逐渐消失，最终败给电商也就不足为奇了。

渠道的构建首先要解决利益分配的问题。渠道的核心“板砖”在于利益！一直以来，企业和经销商之间的利益博弈是营销界的永恒话题。对于企业而言，研发生产产品、建立品牌、做更多的营销，是为实现企业品牌利益的最大化；而经销商则通过产品买卖实现自己的利润，企业赚多了，经销商的利润空间自然缩小。

渠道建立过程中，企业与商家的战争与博弈从未停歇。2011 年，老牌手机品牌诺基亚开始快速走下神坛，而此前两三年，诺基亚与经销商之间的矛盾就趋于白热化：2009 年，诺基亚因为经销商串货给予其高额处罚，造成经销商拒卖诺基亚，并有多个地区手机店下架诺基亚。而被人们津津乐道的国美与格力电器、汽车制造商与经销商博弈等，都出现过店大欺客、客大欺店事件。之所以如此，都是因为利益分配不均，或者原有利益格局平衡被打破。在这当中，串货、乱价、区域保护、库存、业绩任务、利润率、渠道经销层级等，企业营销中的任何渠道政策，都将造成品牌与渠道之间矛盾。所以，平衡利益成为渠道建设的关键。

其次要解决品牌商与经销商之间的目标性问题，即目标是否一致。一直以来，品牌进入销售环节后，会出现一定的选择性困难，即大经销商与中小终端商以及消费者的选择问题。很多人都说选择终端消费，但往往掌握消费市场的却是大经销商，但因为利益博弈，企业需要付出不菲的代价。所以选择理念一致、目标一致、需求相同的渠道，才是关键。

最后则是渠道模式要合理，其本质就是品牌与渠道的合作方式。从最早的批发、代理、经销、专卖、物流运营、合伙经营，到现在的厂商资本一体化，这是保证渠道稳定的必要条件。

在营销渠道体系的板砖后面，最终需要的是利益、目标、政策支撑，需要的是各种配套“板砖”，拆解成不同环节，形成不同的营销渠道策略和方式方法。

现在渠道分销已经在传统线下市场被充分解读和运用，在现代互联网技术和信息、资本时代，特别是线上销售的崛起，使传统渠道被认为是这一波浪潮下将“被革命”的群体。实际上，现代渠道在新形势下的功能已经发生了巨大转变，大数据介入新零售的崛起就是例证。

所以今后的渠道建设应该重在渠道功能的设定，如传统经销渠道，功能核心在于店面展示、仓储；在互联网大势下，渠道功能则转变为体验、服务。此外，原有的渠道合作是博弈，经销赚取的是差价，现在则是在平台的基础上合作服务用户，然后分利。双方资源叠加，形成合力，而资本层面的合作成为重中之中，这样才能真正形成渠道合力。

第三阶段：品牌建设期的现实意义

追求利润是企业生存的根本和前提，进行品牌建设是为了更好更多地赢利。

在前两个阶段，企业追求的是销量，一切以销量为核心。这样企业才能生存，才能发展壮大。当规模化和成本降到一个绝对值时，企业反而产生不了利润，市场动力与价值也就不复存在。

营销的本质是卖产品，而品牌的价值在于用更少的投入获得更高的利润。随着互联网的发展，企业的竞争已经从以往的同城竞争，不断地向同省、国内、国际等更高维度升级，进入全球化产业的竞争。同时市场竞争的格局已经由有形竞争走向无形竞争。对于企业来说，以往最值钱的是厂房、机器和设备，而现在最值钱的是人才、技术和品牌。无形控制有形，有品牌的企业赚取的是品牌附加值，没有品牌的企业只能赚取单一的劳务费。这是全球经济格局的写照，也是市场发展的必然结果。

20 世纪 90 年代中期后，在结束了 80 年代的杂牌大混战和 90 年代前期的杂牌、品牌巷战后，中国进入品牌竞争时代。21 世纪是名牌的天下，是名牌与名牌的较量。

这 20 年的市场格局变化，是每一个人都能切身感受到的。

1. 中国市场形态已从卖方市场转为买方市场，市场竞争态势已由买方竞争转为卖方竞争。从总体上来看，20世纪90年代中期以前的中国经济还是短缺经济，相当大一部分商品处于供不应求状态；20世纪90年代中期以后，形势发生了根本性的变化，经济形态逐渐趋向供大于求或供求平衡状态。2001年初，中华全国商业信息中心会同有关部门对605种主要商品市场供求状况进行分析，供过于求或供求平衡的商品601种，占99.34%。

2. 消费者需求更趋于个性化。随着人均国民收入水平的逐步提高，消费行为已经不再是仅为满足安全和生理需要，而是趋向满足获得尊重、自我实现等高层次的需要，也即行为个性化。从消费表现而言，就是“认牌”消费的流行。按照马斯洛的需求层次理论，人的需求可分为生理需求、安全需求、社交需求、尊重需求、自我实现需求五个层次。人们在满足低一级的需求层次之后必然向高一层发展，而需求的进阶也势必带来营销的进阶。

3. 国内市场与国际市场日益一体化。换句话说，市场形势已变为国内市场国际化和国际市场国内化。2001年12月11日，中国加入WTO，标志着中国的市场成为国际品牌逐鹿的舞台，国际品牌国内化和国内品牌国际化必然使民族品牌面临愈加残酷的竞争。

4. 品牌管理已从社会的宏观、中观和微观全方位、多层

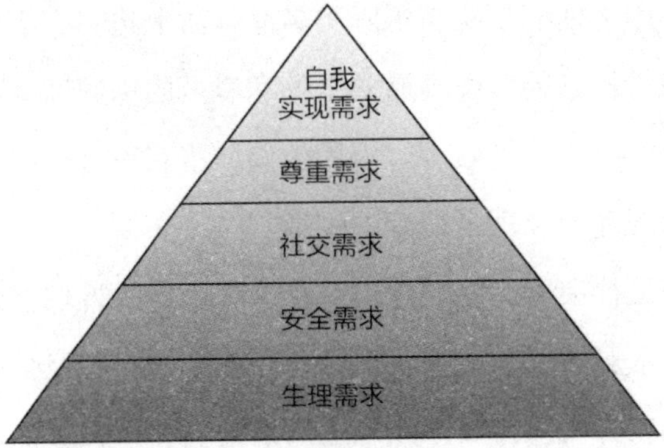

图 1－1　马斯洛需求层次

次全面展开。

（1）品牌能带来更大的分销能力。在走向全球化的信息时代，拥有国际大品牌的公司已经打入了全球化市场，并在此过程中设法成功保住了强大的分销渠道。这使它们能更有效地为自己产品阵营的其他次生品牌或次级品牌进行有效的销售。

（2）品牌能跨越市场界限。强势品牌名声远扬，使他们得以涉足其他行业。一旦跨上强势品牌这匹千里马，要进入和渗透市场也就变得轻松多了。M&S（马莎百货）公司在 20 世纪 80 年代后期开展单位信托业务，从而在首次涉足金融业时就发现了这一点。虽然该公司以前在金融服务业没有市场份额，但是作为优质的和物超所值的代名词，M&S 公司的品牌名称立刻使其顺利进入新的行业并获得成功。

（3）品牌在员工能动性、招聘和忠诚度方面的作用巨大无比。单凭国际大品牌的声誉和形象就能在雇员中激发强大的能动性，因为他们乐意与国际著名品牌沾上边。它不仅能吸引优秀员工，而且能激发高昂的士气和雇员的忠诚度。许多高级经理渴望为一流品牌效力，因为他们期望获得这样的感受：为最好公司服务的经理是最好的经理。

品牌是社会舆论的关注焦点。品牌企业的管理方式、生产营运、技术更新、品质保证手段、企业文化，甚至企业家个人的生活都成为大众传媒津津乐道的话题。在广告宣传日益重要的今天，这些话题无疑为企业建立了与大众联系的渠道，成为品牌企业得天独厚的优势。

在社会营销的时代，已经不能简单地用原有的营销概念来理解品牌，而应该将其视为新型的“商业平台”。产品的竞争也不仅仅是品牌商标的竞争，而是企业商业综合实力的竞争。这是一场由过去某项单一技能的较量向系统性全面较量的转变。如同冷兵器时代，人们无法想象雷达或声呐系统的巨大作用一样，在上门推销产品的时代，人们也无法想象大数据对人们需求行为的跟踪。

品牌营销一直围绕“知名度、美誉度、忠诚度”三个维度展开，实际上则已远非如此，品牌带来的社会叠加效应已经日益突出。

从市场销售层面看，品牌的背后是销量和高附加值。这意味着更多的市场占有率和重复购买率。品牌同时也是高利润的代名词，背后有更多的用户与消费群。但这还只是停留于表面化和抽象化的市场，并不能真实反映企业综合实力。

从资本层面看，品牌作为企业与消费者沟通的桥梁越来越受到企业的重视。目前围绕品牌和消费者的关系，品牌研究一般集中在提升品牌形象、扩大品牌资产、加速品牌推广上面，而从资本所起的决定作用角度来考察品牌更能理顺品牌发展战略：品牌定位就是依据企业自身优势和出资人的利益向消费者诉求某一形象、个性和发展方向；品牌资产就是企业资本的无形商誉部分，是通过与消费者沟通交流交易而增值的部分；品牌推广即是依据品牌定位从而拉近与消费者心理距离的全过程。其他如品牌知名度、美誉度、忠诚度、渗透率等均体现在品牌定位、资产增值、推广的运作过程中，分别从某个侧面来衡量品牌价值（资产）。

从资源层面看，品牌已经成为企业社会资源的实际载体。“物以类聚，人以群分”，资金、人才、技术、合作伙伴、政府关系已经围绕品牌形成资源叠加体。整合营销被推崇备至，最核心的就是整合各种资源为品牌服务、为营销服务，最终再围绕品牌形成更多资源，为企业市场销售和成长所用。

当然，有些品牌已经成为一个平台。如淘宝、京东等，都是搭建了一个平台，平台上有团队，有供应商，有销售商，有合作伙伴。随着体验式营销、C2B 的崛起，越来越多的消费者加入企业创建的品牌平台，形成了庞大的品牌生态圈。在这一阶段，品牌传统维度已经难以描述品牌价值，越来越多的社会化元素植入进来，传统的品牌渗透率被消费者反向倒逼，形成了新的消费引领时代。

现代商业竞争的底层本质，已经不再靠产品，而是靠品牌。近年来，互联网时代的品牌已经被“IP”所替代，品牌的价值更多在于法律、社会意义范畴，而“IP”则成为流量的出发地与归宿地，互联网营销则给新兴品牌提供了快速超越传统品牌的快车道，即品牌 IP。

在互联网营销时代，品牌塑造不再单线传播，多维度、多渠道、多方式展现为打造立体化的品牌推广体系提供了可能，而且是比传统更为“实惠”、更为爆发式地发展，其中品牌自身的内容成为关键。品牌变得越来越“活跃”，与社会、人、文化不断碰撞，不断形成内容，不断进行转化。

所以，打造品牌 IP，就要从品牌内容入手。

第四阶段：社会营销期流行的N块营销“板砖”

古人云，人气就是财气；如今说，流量即是财量。

营销的终极目标是实现销售，但整个过程却是在制造人气，为企业、为产品、为品牌创造出更多的粉丝，而且是忠实的粉丝。

前面三个阶段的重点在于企业或品牌的独特化，一招鲜可以吃遍市场，一板砖下去可以通吃市场。而社会化营销则不然，此阶段的市场处于高度多元化中。

时代在进步，社会在发展，互联网的到来带动了大面积的经济链——从最初的因特网进入大家的视线，到QQ、淘宝、微信、直播等，再到目前备受追捧的网红经济。网红时代从最开始的凤姐、犀利哥等，到斗鱼、秒拍、熊猫等平台，各种主播层出不穷。网红们靠自己的一技之长，或者气质，或者颜值，在各种平台圈粉圈人气，收礼物，做广告，自己开淘宝店铺；靠着自己的人气，生活日益滋润！

有专业人士分析：从线下实体，到线上电商，再到移动互联网电商，短短30年的市场演化，形成了相互关联又彼此独立的“三个世界”结构。电商与店商的“战争”焦点可以总结为“五大力量”的消长：快递消灭渠道、网银支付消灭终端、社会化网络媒体（Social Networking Services，SNS）消灭传统媒体、搜索引擎优化（Search Engine Optimization，SEO）消灭广告、客户端消灭逛街。淘宝天猫、京东、易迅等，是进攻方力量的代表。

现在大家讨论的已经不再是该不该进驻社交媒体，而是“你的品牌进驻社交媒体了吗？”社交媒体大大改变了人们的生活，对商业也产生了较大的影响。有数据显示，91%的成年人经常在线使用社交媒体，70%的成年社交网络用户进行在线购物，而且53%的活跃社交网络用户关注一个品牌。此外，83%的人还想从社交媒体上获得更多的品牌促销信息。

1971年，杰拉尔德·蔡尔曼和菲利普·科特勒提出了“社会营销”的概念，促使人们将营销学运用于环境保护、计划生育、改善营养、使用安全带等具有重大推广意义的社会目标。这一概念的提出，得到世界各国和有关组织的广泛重视。斯堪的纳维亚地区、加拿大、澳大利亚和若干发展中国家率先运用这一概念；一些国际组织，如美国的国际开发署、世界卫生组织和世界银行等也开始承认，这一理论的运用是推广具有重大意义的社会目标的最佳途径。

社会营销是一种运用商业营销手段达到社会公益目的或者运用社会公益价值推广商业服务的解决方案。营销是有意识地改变消费者行为的工作策略。某人也许原来用某一品牌，但营销推广可以使其成为另一个品牌的受众。

但此时的“社会营销”词汇还停留在概念阶段，注重的是营销的社会价值和意义，忽略了销售成本。而伴随着社会化营销媒体的崛起，真正商业化的社会化营销才变得可实现甚至全面爆发。

近年来，社交媒体领域最大的变化或许就是各大社交网络加速演变成“无所不包的平台”。Twitter 不但取消了 140 个字限制，还在一对一私信、视频分享、客户服务等方面全面发力。Facebook 也不只是要把你与好友们联系起来，它现在已经成为（或即将成为）一个职场效率工具，一个视频分享和流媒体平台，一家自由购物的电商。

LinkedIn、Instagram、Pinterest、Snapchat 等社交网站，也在进行类似的转型。社交媒体已经不再是人们从事日常沟通的一个孤立媒介，它还成为一切人类活动的一个自然的组成部分，而且这个趋势还没有出现任何减缓的迹象。

同时，自媒体兴起和微信“去中心化”有非常重要的关系，它使得内容创业者能够与自己的粉丝建立相对稳固的订阅关系或用户关系，这是过去中心化平台都做不到的。2014 年，一批先知先觉者发现这样一个去中心化平台给了他们更大空间，率先进行了尝试。而后两年，自媒体蓬勃发展并且商业化，收获第一桶金，2015 年更是成为最大的红利爆发期。到了 2016 年，先知先觉者巩固了他们的先发优势。

从 2015 年到 2016 年，广告主投给自媒体的广告预算经历了两位数的增长。2017 年仅微信公众号的原生广告收入就超过 100 亿元规模。

现在大家热议粉丝经济。在碎片化、去中心化的移动互联网时代，没有粉丝的品牌基本都要面临被淘汰的境地。小米可以说是粉丝经济的代表品牌。不可否认，小米是粉丝经济的集大成者。小米在创立之初，就把其营销定位于“走群众路线”，通过与用户交朋友来营造参与感，并借助社会化媒体将口碑放大。围绕这个“群众路线”，小米内部制定了三个传播的核心要素：核心用户、精彩的故事和话题，以及高效的传播渠道。

何为核心用户？在 2011 年 iPhone 4 开始风靡世界时，高昂的价格让很多人望而却步。出于这样的考虑，小米将其手机产品定位于为发烧而生的高性价比手机，将一群希望拥有智能手机，而又无力支付苹果高昂费用的人群聚集在一起，为智能而“发烧”，这就是小米的初衷。

有了核心用户之后，要创造精彩的故事及话题，引起共鸣，让用户充分参与其中。在小米内测期间，为了测试小米网购系统的性能，小米网电商开发团队真去买了 N 箱可乐。就这样，在小米网上售价 1 角一听的可乐成了小米网系统上跑过的第一款商品。开测期间，小米网后台每天中午限定时段开始日后惯见的疯狂抢购，打印机在堆满可乐的办公室里不停打印快递单，一群志愿员工扮演快递员在不同办公区之间来回奔忙。一个月之后，小米网正式运营，只不过将可乐换成了手机。这样的故事，在小米的粉丝经济传播中比比皆是。要想提升用户的参与感，好的故事和话题是必不可少的。

在小米的社会化媒体运营手册中有一条规定：将产品无缝融合到社会化媒体的运营中。小米在做内容运营时特别关注互动性、参与性、新闻性，但如果这些跟产品无关，路就会越走越偏。小米曾做过微信消息的打开率统计，发现凡是与产品信息相关的，不管是降价，还是新品发布，用户打开率都能达到50%左右，高则能达到70%；但是与产品关联度很低的活动消息，打开率可能都不到5%。由此得出的结论是：关注小米官方微信号的粉丝，多是真正关心小米产品的用户，他们的需求不是花里胡哨的营销内容，而是提供产品信息、购买小米产品、查询物流订单等服务性内容。围绕产品和用户做参与感，让小米赢得了大量粉丝，并从粉丝中获得极大的经济效益。

从销售角度而言，营销的本质就是通过各种方式和渠道寻找消费者、接触消费者、影响消费者，从而实现消费者购买，直至不断重复购买。在当今互联网大时代，社会化营销的渠道和工具千变万化。一方面，互联网、社交媒体、新媒体，使营销时间、距离和营销成本变得更高效、更快速便捷、更低廉，受众也更为精准和量化；另一方面，受众也因为各种新媒体的崛起而更为碎片化和散乱，从之前的千人一面到千人千面，这就让营销方式和方法变得种类多样且纷繁复杂，需要更为系统的营销和服务体系来支撑。

粉丝、流量成为社会化营销的重要特点，但在营销的背后，核心在于互动与社交。用户已经不再是消极等待市场或者媒介传达什么，而是自己寻找和物色能够与自己共鸣的产品，让自己的价值需求得以实现。

最重要的是，数据化营销已经成为现实，让营销变得可看、可用、可控，也让企业可以全面了解和追踪到自身营销体系，全面了解市场营销生态。

社会化营销的特点就是人人都是媒体，个个都是品牌代言人，所以需要发挥“群众作用”做全民营销。在这方面，品牌积极参与与互动成为关键，所以蹭热点、赶潮流，与名人、热门 IP 互动，主动发表品牌观点和意见，不断发出品牌声音，寻找品牌存在感成为一种趋势，也成为新营销势态下的品牌日常工作。

所以，品牌就要从互联网营销小事做起。

第二章

品牌不同于IP

2

“

品牌是一种信任的烙印，是商品综合品质的体现和代表。品牌的打造需要清晰的逻辑和层层递进的价值传递。IP更多的是知识产权的体现，它将不确定的价值体系以一种形象的方式加以表达，IP的打造更多的是将一种情感或者价值观进行塑造和代表。

”

品牌是销售者向购买者长期提供的一组特定的特点、利益和服务。

“现代营销学之父”菲利普·科特勒（Philip Kotler）

品牌建设之初的原始本质

产品是死的，品牌是活的，没有品牌的营销，就会失去营销价值，是没有未来的。成就品牌也是营销中含金量最高的市场结果。

“品牌”一词来自古斯堪的纳维亚语 brandr，意思是“燃烧”，指的是生产者燃烧印章烙印到产品上。广义的“品牌”是具有经济价值的无形资产，是用抽象化的、特有的、能识别的心智概念来表现其差异性，从而在人们的意识当中占据一定位置的综合反映，具有长期性。狭义的“品牌”是一种拥有对内对外两面性的“标准”或“规则”，是通过对理念、行为、视觉、听觉四方面进行标准化、规则化，使之具备特有性、价值性、长期性、认知性的一种识别系统总称。对于互联网营销而言，品牌就是企业或个人的 IP 标签与形象的建立。

简单来说，品牌是一种信任的烙印，是一种商品综合品质的体现和代表，当人们想到某一行业的时候就会自然而然想到相关的品牌。中国人最熟知的当属民族特色了，比如，一提到内蒙古，我们的脑海中就会浮现草原和牛羊；再如，一提到新疆，我们便不由自主地想到各种甜甜的水果。这些都是典型的品牌特征。伴随这些特征，他们的产品也会随之热销，我们常说的手信（中国古代礼品的称呼，现中国台湾、广东一带人们之间礼尚往来的代言词，现网络上也有用）、土特产就是相应民族品牌产品的代名词。每个民族都是一个品牌，代表着不同的群体或风格，这就是品牌的价值。了解了品牌的价值后，就需要思考该如何打造一个品牌。

一、品牌如何诞生

在古代，人们为了识别牲畜，会在牲畜的屁股上打上烙印，以示畜牧主人对其的所有权。相应地，谁家的牲畜越多，这个标志就越被人熟知，这就是最早的个人品牌，它暗示着个人的能力。随着生产力的发展，集体规模越来越大，品牌自然也开始规模化。于是社群或者国家因各自的需求开始进行分工协作，逐渐形成某个行业或者品类的大型品牌。因此，一个品牌的建立是对当时生产力和生产关系的具象体现。

由此可见，品牌寄于某一特定的事物上，并不能凭空出现，它是在满足多个维度的需求时产生的一种口碑效应。当我们讨论品牌的好坏时，实际上是在讨论品牌的口碑效应或其带来的延展效果。好的品牌总会以其独特的魅力征服人心，当人们觉得某个品牌“好”时，常常会通过以下四个因素去衡量。

因素一：品牌定位。

品牌一定会经历由小做到大的过程，需要有用户积累和时间沉淀，并且专注于某个领域（品牌很难跨领域），即品牌的精准定位。这方面让我感受最深的就是美团的崛起。如前文所说，2010 年北京大多数团购网站就像一个只会耍花架子的街头艺人，招式眼花缭乱，但无门无派，没有“看家本领”。而那时候的美团就如同一股清流，坚持每天只上一个餐饮类的团购，城市布点也严格控制，做到开一个分站就有当地的好产品，只专注线下生活消费类的产品。毫无疑问，一招鲜吃遍天的美团自然而然地积累了大量生活消费类客户，形成了品牌沉淀。现在看来，美团成为今天线下生活消费的王者，根本原因就在于它明确的定位。而当时做得杂的网站几乎都已关闭。从本质上说，美团主要由小众餐饮用户做到大众线下生活消费用户，先单点突破，再横向衍生；另外就是专注生活消费领域，不跨领域挑战，而当时通过卖货挑战淘宝的团购网现在都已销声匿迹。

因素二：通过资本运营实现可持续发展。

我们都羡慕那些百年品牌，大家购买的不仅是产品，还有那份历史情怀，所以品牌是年份越久越值钱。品牌要长久就必须稳定运营，那么营业收入必不可少，不以盈利为目的的商业化品牌都不现实，没有资本支撑就无法形成生态延续。比如诺贝尔奖，它是根据瑞典著名化学家阿尔弗雷德·贝恩哈德·诺贝尔的遗嘱所设立的奖项，于 1901 年 12 月 10 日首次颁发，到现在已经有一百多年了。这一奖项可谓世界上顶级的奖项品牌，以巨额的奖金和评选对人类做出积极贡献的人这两个特点而闻名于世。

那么问题来了，无论诺贝尔个人多么富有，他的遗产都无法持续作为奖金发放，必然需要通过可盈利的模式来保证品牌的持续发展。诺贝尔奖能延续的关键原因就是：诺贝尔用遗产中的3100万瑞典克朗成立了一个基金会，通过基金运作的方式让钱不断生钱，从而保证其持续运营。试想，一个对人类发展影响如此深的奖项品牌都离不开资本的保障，更何况是我们身边的这些经营性品牌呢？

因素三：具有历史性的特点。

在特定时代解决具体问题的创新性产品，尤其是解决民生问题的产品，更容易形成品牌。在历史的潮流中，品牌在不断更迭和沉淀，我们发现，越是与人们的衣食住行息息相关的产品或服务，越容易被沉淀下来。

比如，“中华老字号”的评选标准、中华老字号（China Time - honored Brand）是指历史悠久，拥有世代传承的产品、技艺或服务，具有鲜明的中华民族传统文化背景和深厚的文化底蕴，取得社会广泛认同，形成良好信誉的品牌。再看“世界品牌”的定义：世界品牌是指在国际市场上知名度、美誉度较高，产品辐射全球的品牌。

由此可见，真正的品牌必须有一定的历史沉淀和特点。有关数据显示，当今世界上存留的十大古老品牌中有9个出自中国，其中包括始于1368年的东湖醋园、1530年创办的六必居酱园、始于1573年的泸州老窖、始于1649年的回春堂及九芝堂、王致和等，这些可一直是持续经营很多年的响当当的名号。

因素四：层次划分。

少林、武当派、华山派，当我说这几个品牌名时，大家第一想到的是什么？没错，就是武林名门大派，少林更是事实上的武林盟主，领袖群雄。所以，许多江湖奇人异士要想跻身江湖一流地位，都要获得这些派别认可；要成为武林盟主更是要击败这些门派的门主，这就是品牌效应。由此可见，所有的行业都会有品牌印象和划分。

二、互联网是树立品牌的基础

1. **品牌曝光度**。起码向用户推销的时候，用户通过百度一搜索，总得有那么一些对于品牌的报道。否则连媒体都不知道的产品，谁敢相信？

2. **有完善的品牌沟通机制**。如品牌四件套：400 电话、企业客服 QQ、微信公众号、官方网站，这是品牌与用户沟通的桥梁。

3. **有品牌背书**。比如，有个高大上的投资人、在 × × 上打过广告、得过 × 奖等。品牌背书能有效地解决企业的信任问题。

4. **有行业地位**。比如，获得行业大佬投资、行业中产品口碑好等。总之，要有个能量化的标准，让用户知道这是行业里不错的品牌，增加品牌的竞争力，发挥马太效应，“让好的变得更好”。

由此可见，品牌 IP 的最大效应是“物以类聚，人以群分”，通过品牌形成不同的群体认可度，也就是现在的品牌粉丝、流量。**所以，品牌的功能是区分市场，最终结果是获取忠实粉丝。**

品牌营销，首先是建立品牌的认识，让人们知道和了解品牌，越详细、越系统、越直接越好；其次是建立认可，传达品牌的生活方式、市场理念、人生观点和社会价值，与目标群体通过感性的理解，建立感性的认同和归属感；最后是深度参与，品牌在统一的社群里以参与者身份作为发起人，不断形成和挖掘更深层次的商业需求和消费行为，是品牌 IP 驱动力。

案例

品牌的诞生

19 世纪 60 年代，因为当时没有冰箱，美国人为了便于肉类迅速出港运往全国，便把屠宰基地选在了辛辛那提这个港口城市。于是各种各样的货物在码头堆积成山，辛辛那提很快成为当时全美最大的屠宰基地。很多客商来到辛辛那提后不进城就直奔码头，将所需之肉装入船舱，立刻运往全国各地。因此，相关的肉制品深加工行业在当地得到了迅速的发展。

宝洁公司在这样一个得风得雨的商业环境中诞生和蓬勃发展，并在20年后的1867年成为一家专门生产蜡烛和肥皂的中型企业。

宝洁在品牌的发展过程中有一件轶事。起初，宝洁公司跟其他的肉制品企业一样将产品堆在码头上，为了防止产品被风吹雨淋，每堆货物上都盖了帆布。客商在订货的时候会打开帆布查验货物，如果客商认同货物，就把货物运走。但这样的操作会花费很多时间，偶尔还会遇到记不清各自产品位置的问题。因为码头的货物全都用帆布盖着，所以业务人员也要花很长时间来寻找自家的产品。这时，有员工提出在帆布上做标记的建议，率先在帆布上画一个极大的圆圈或五星来做记号。随后，一件神奇的事情发生了：那些做了标记的货物被客商一抢而空。原先没打标记的货物，从放入码头到销售要平均耗时15天，而打了标志以后，销售时间缩短到2小时。

这件事情引起了大家的兴趣，于是其他客商也在自己的货物上打上了标记，因为大家觉得这一定有助于销售。最后，帆布上打标记的产品越来越多，码头上一片混乱。怎么样才能继续保持优势，同时又能够不受其他产品或厂商的影响呢？宝洁公司的一位员工提出了另外一个想法：在产品上打上独一无二的标记，别人不能够简单地模仿，这样就有利于产品的销售和传播了。

当时的宝洁公司做出了历史性的决定：不能用公司的名字作为每一个产品的品牌，而应该给每一个产品取一个只属于自己的名字，以保持产品的独特性。在这种思想的指导下，世界上第一个真正属于产品的品牌 IVORY 诞生了。自此以后，品牌的概念逐渐清晰起来。

从 1865 年至今，美国市场上仍然还有 IVORY 香皂，在全美的市场占有率达到约 11%。而在 1962 年，IVORY 香皂的全美市场占有率高达 60%。当时，宝洁公司设计了著名的星月标志——月亮的脸配上若干颗星星，然后印在每一块香皂的包装纸上，这个标志如今被认为是世界上第一个真正意义的商品品牌。

星月标志诞生 20 年后，美国政府推出了商标管理办法，全美大多数产品开始拥有自己的正式注册商标。商标思想从此诞生，品牌概念及其工作方法开始逐步被引入商品世界中。

从宝洁的案例中，我们很容易总结出品牌的四大要素（见图2-1）。

要素一：精准的定位	专门生产蜡烛和肥皂
要素二：具有可持续性	1865年品牌诞生至今，美国市场上仍然还有IVORY香皂
要素三：有历史特点	辛辛那提的肉制品深加工行业迅速的发展为宝洁公司提供了良好的商业环境
要素四：适用于高端用户	19世纪，大多数人还挣扎于温饱的时候，蜡烛和肥皂自然主要适用于高端用户

图2-1　品牌的四大要素

案例

品牌的档次

有人的地方就有江湖，有江湖就有江湖地位；有商业的地方就会有品牌，有品牌自然就有品牌档次。如前所述，品牌档次的划分主要通过品牌的历史、传统、定位、知名度、经营前景等多方面来综合评判，不同的行业、产品所评估的细节标准也不尽相同。

以下就以汽车行业为例，进行品牌档次的划分（见图2-2）。

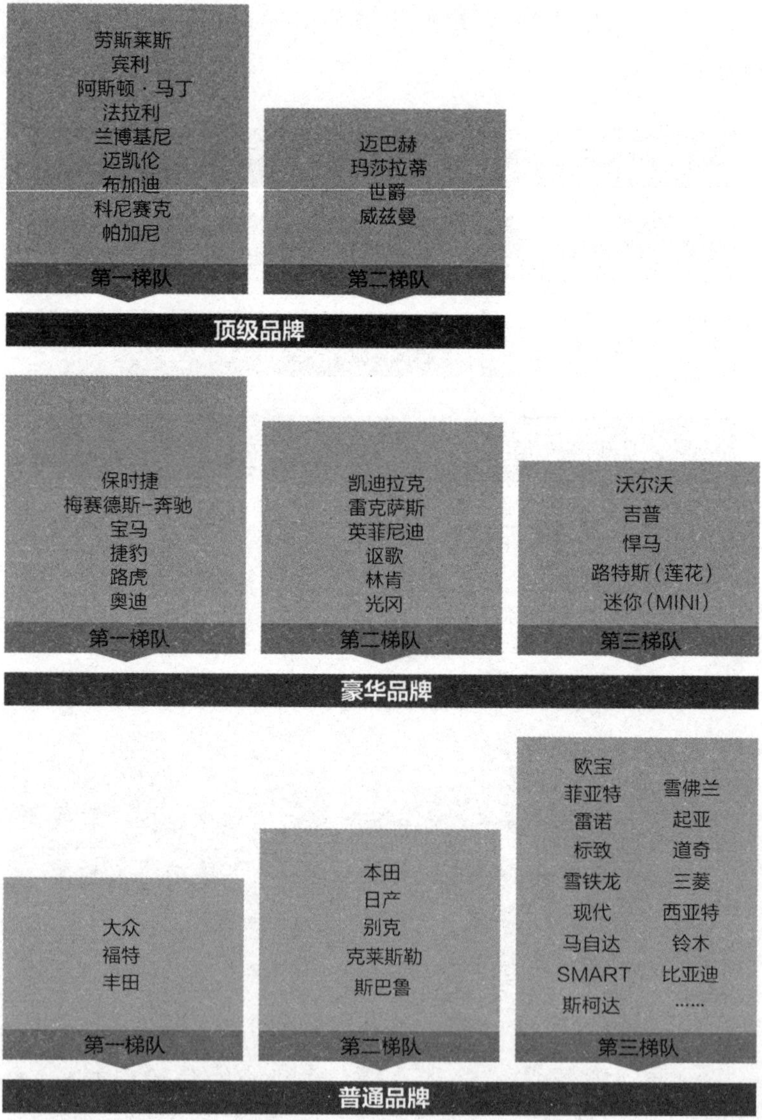

图2-2　汽车品牌档次划分

注：图中的品牌排行根据网络数据整理得出。

品牌灵魂与 Slogan 价值

最近几年流行 IP 价值这一提法，网络品牌、网红、社会人士、企业家都在大谈 IP 价值。很多人盲目地将品牌和 IP 混淆。这其实是两回事，IP 价值不等于品牌，真正的品牌价值体系有清晰逻辑和层层递进的价值传递，这保证了在任何市场营销行为中所有的宣传都会聚焦最核心的价值。很多百年的品牌，如奔驰、卡地亚、爱马仕、娇兰等，即便是只有几十年历史的全球品牌，价值体系也是非常完整的，如麦当劳（快捷和卫生）。

IP 更多的是指知识产权，只不过将不确定的价值体系“变身”为 IP 更洋气、易懂而已。流行 IP 的价值的生命周期一般都很短，没有太多的价值体系建设，过去了就容易被遗忘，歌曲、名人、书籍、新技术等都属于这一范围。一个有价值的 IP 一旦出现，IP 所有者就会迫不及待地要去变现，这必将导致当下很多 IP 价值周期很短。美国的迪士尼的品牌和 IP 的运营就值得我们去学习。无论是品牌，还是 IP，都需要有价值。然而，价值并不等同于价值观，价值观是一种认同感，品牌和 IP 都需要有价值的价值观，因为品牌传播传递的就是价值观。

提到品牌，首先要说说公司名称。

名称是一个公司的招牌，有很强的代表性，轻易不会更改。一旦变更，就意味着公司会发生重大的“精神”变化。我们都熟知《水浒传》中水泊梁山的“老板”是宋江，而最早的创始人是晁盖。不过晁盖当家时，市场策略不明确，他抱着“劫富济贫”的绿林人单线思维方式行事。使得水泊梁山这家“企业”缺少战略目标，只能勉强维持运营。宋江作为接班人挑起这个担子，他策划让“企业”从谋生层面上升到替天行道层面，从而有了“企业级”的灵魂，继而又聚集到一百单八将，形成一股不可小觑的“势力”。我说宋江是策划而不是改革，因为他没有改变“公司”的“经营”方向，而是更多地通过品牌建立和企业文化等方式去影响“员工”，加强凝聚力。在现代社会，能对企业进行升级，并将其带入下一阶段的往往都是职业经理人，创始人却常常成为企业发展的“瓶颈”。言归正传，下面重点分析作为后来者的宋江如何进行企业升级。

《水浒传》中，宋江上任的时候说：“小可今日权居此位，全赖众兄弟扶助，同心合意，共为股肱，一同替天行道。如今山寨，人马数多，非比往日，可请众兄弟分做六寨驻扎。今聚义厅改忠义堂”。由这段话可见，宋江一次演讲就做了两件影响深远的事情——改公司名称和确定品牌口号（Slogan）。公司由“聚义厅”改为“忠义堂”，Slogan 定为“替天行道”。宋江将“聚”改为“忠”，“厅”改为“堂”。“聚”是聚合，更多地像是聚会，显得松散；“忠”是忠心，也就是有中心，大家围绕一个点来做事情，更为紧密。“厅”在古代是指园林中的主体建筑，功能多作聚会、宴请、赏景之用；而“堂”往往成封闭院落布局，只是正面开设门窗，它是园主人起居之所。

宋江通过名称变更将企业定位变得更聚焦、更精准了，是一个由粗放式到精细化的转变。其实这有点像现在互联网创业中“大而全”和“小而美”的区别，大企业都是“大而全”，取名时不会包含明确的行业属性形成品牌代言词，如互联网三大巨头。创业企业都是“小而美”，前期都会需要一个切入点进入市场，所以企业取名时都会带上相应的行业属性，以便用户能很快记住和了解品牌，如“聚美优品”“海淘网”等。

总结而言，聚焦、接地气、易懂是公司取名的三大关键。

Slogan（品牌口号）是品牌向消费者传递的公司理念，它强调的是一家公司和它的产品最突出的记忆点。品牌口号有很多种，最有效的是传递品牌定位，全球营销战略家、“定位”之父杰克·特劳特在其作品《定位》一书中对“定位”做了论述，这是一个非常庞大的系统体系。本书从另一个角度对Slogan进行探讨。

不管你是创业还是就业，都需要为自己做一个阶段性的定位，让人一听就明白你是做什么的。定位取名是非常具有挑战性的工作，如给孩子取名、给公司取名、写Slogan等，对于创造性和总结性的要求很高，需要让名字新颖、好听、响亮，同时符合定位。

Slogan 传递一个公司的价值。它既是公司业务的一个具体描述，也是公司企业文化的体现。宋江就将“替天行道”定为公司的文化，短短四个字就把土匪变成了英雄，从而具有更大的影响力和凝聚力。

Slogan 也体现了一个企业的使命和社会存在的市场价值所在，它代表着企业负责人和团队的眼光和格局。

简单分析：封建礼制的天道，有一点为忠义、正义、百姓的意义，也就是说梁山好汉做事是为了正义，为了天下老百姓，是正确的事情。同时，宋江还非常注重 Slogan 的展现形式和位置，就像我们做网站会把 Slogan 放在 LOGO 旁边一样，宋江直接把“替天行道”做成大旗立于梁山，成为企业文化的传播中心。

姑且不论“梁山好汉”的是非，单纯从这句 Slogan 的影响力来说，应该是历史上最具影响力和穿透力的广告词了，短短四个字就把企业拔到一个非常高的层次。“拦路抢劫”“绿林好汉”“替天行道”——三个词明显层次不一样。同时，语言含蓄又让人易懂，把业务非常直接地浓缩到了广告词中（如果你不仁义，我就替天行道）。

回归到现代企业，写 Slogan 也需要有一个流程，企业定位、理念体现、发展方向三要素都需要综合考虑进去。比如，阿里巴巴的“让天下没有难做的生意”，网易新闻的“有态度的新闻门户”，京东的“多快好省”等，这些 Slogan 基本上让人一眼就能知道企业是做什么的，并且理解他们的理念，让人对其有认同感及追随感。好的 Slogan 一定要与目标用户产生共鸣。

综上所述，取名字、写 Slogan 最终都是在做定位，毕竟不同阶段、不同心境时看到的问题不一样。所以在命名的时候需要考虑长远的规划，千万不能随意应付了事，等企业做出点成就后再去修改（包括商标、域名、品牌的改动），成本就太高了！

行文至此，反观我创办的“数字镭”，名字的确立也颇花费了一些心思。比如，最开始，我们仅以英文名称（DMLEI）作为品牌名称传播时，就遇到过很大的问题。很多人觉得英文名字很生涩，比如，DM 是 Digital Marketing（数字营销）的首字母缩写，Lei 是指居里夫人发现的最具放射性的镭元素。现在来看，这个名字虽然看起来高冷，但却很难通过字面意义而产生“内化”的效果。三个元素都太绕，包装超过了本质。后来我直接改用了中文名“数字镭”来传播，传播效果立竿见影，很多人立刻就有了反应，他们会问“这是一款互联网产品吧？”

由此可见，公司取名真的是一件很虐心的事情，创始人在不同阶段会有不同感受，对于用户更是如此。

Slogan 是大义所在，这一板砖的威力会产生难以估量的效果。不可小觑！

案例

国外大牌公司 Slogan 集锦

公司	Slogan	
	英文	中文
麦斯威尔咖啡	Good to the last drop	滴滴香浓，意犹未尽
雪碧	Obey your thirst	服从你的渴望
索尼影碟机	The new digital era	数码新时代
理光复印机	We lead. Others copy	我们领先，他人仿效
佳能打印机	Impossible made possible	使不可能变为可能
雀巢冰激凌	Take time to indulge	尽情享受吧
凌志轿车	The relentless pursuit of perfection	不懈追求完美
丰田汽车	Poetry in motion, dancing close to me	动态的诗，向我舞近
万宝路香烟	Come to where the flavor is. Marlboro Country	光临风韵之境，万宝路世界
轩尼诗酒	To me, the past is black and white, but the future is always color	对我而言，过去平淡无奇；而未来，却是绚烂缤纷
耐克运动鞋	Just do it	只管去做
百事流行鞋	Ask for more	渴望无限
雀巢咖啡	The taste is great	味道好极了
三星电子	Feel the new space	感受新境界
摩托罗拉手机	Intelligence everywhere	智慧演绎，无处不在
百事可乐	The choice of a new generation	新一代的选择
三菱电工	We integrate, you communicate	我们集大成，您超越自我
东芝电子	Take TOSHIBA, take the world	拥有东芝，拥有世界

续表

公司	Slogan	
	英文	中文
飞利浦电子	Let's make things better	让我们做得更好
IBM 公司	No business too small, no problem too big	没有不做的小生意，没有解决不了的大问题
M&M 巧克力（M&Ms）	M&Ms melt in your mouth, not in your hand	只溶在口，不溶在手
斯沃奇手表（Swatch）	Time is what you make of it	天长地久
爱立信（Ericsson）	Make yourself heard	理解就是沟通
飘柔（Rejoice）	Start ahead	成功之路，从头开始
可口可乐(Coca - Cola)	Things go better with Coca - Cola	饮可口可乐，万事如意
诺基亚（Nokia）	Connecting People	科技以人为本
戴比尔斯(De Bierres)	A diamond lasts forever	钻石恒久远，一颗永流传
雷达牌驱虫剂(RADAR)	Mosquito Bye Bye Bye	蚊子杀杀杀
柯达相纸/胶卷(Kodak)	A Kodak Moment	就在柯达一刻

案例

互联网公司 Slogan 集锦

阅读

网易新闻：有态度的新闻门户
网易云阅读：读之乐、阅之美
网易公开课：传播属于全人类的知识和智慧
FT中文网：全球财经精粹
ZAKER：传播价值资讯
豆瓣阅读：走在印刷机之前
ONE：复杂世界里一个就够了
简书：交流故事，沟通想法
MONO：用有趣的方式看世界
一席：听君一席话
大眼：呈现世界精彩
炎黄春秋：实事求是、秉笔直书、以史为鉴、与时俱进

出行

面包旅行：与世界分享你的旅行经验
蝉游记：发现旅行之美
穷游：出境游，尽在穷游APP
旅游攻略：靠谱又有爱的旅游攻略（iPad）
旅行加：方便快捷的一站式旅行助手
去哪儿旅行：总有你要的低价
非常准：怕延误，就用非常准
航旅纵横：坐飞机就用航旅纵横APP

财务

支付宝：改变因我而来
随手记：理财第一步
挖财：爱记账、会生活
网易·有钱：有钱·感觉真好

购物

京东：多·快·好·省
手机淘宝：随时随地，想淘就淘
苏宁易购：正品低价，急速送达
亚马逊：全球商品，正品价优

音乐

网易云音乐：听见·好时光！
QQ音乐：听我想听的歌
豆瓣FM：与喜欢的音乐不期而遇
落网：我们记录独立音乐

视频

爱奇艺视频：悦享品质
优酷：世界都在看
迅雷看看：你的随身电影院
乐视：颠覆·全屏实力
PPTV聚力：十年真情，始终相伴

生活

Kitchen Stories：Anyone Can Cook
下厨房：唯有美食与爱不可辜负
格瓦拉@电影：发现好友影评，不为烂片买单
万年历：时间，你好！
美团外卖：把世界送到你手中
百度外卖：我们想要给你更多
饿了么：饿了别叫妈，就用饿了吗
有品：生活从有品开始
百度云：云上的日子，你我共享
天天酷跑：用心创造快乐
豆瓣：汇聚一亿人的生活趣味

从李世民打天下谈创始人 IP 价值

在这个竞争越来越激烈的时代，不论在什么样的组织里面，要让人们认识你、接受你，就要充分表现自己的能力。相应地，企业创始人的能力也代表着企业的实力，很多时候，企业走多远的关键是创始人能看多远。企业创始人终将代表企业的品牌形象。如乔布斯、马云、刘强东等，不同创始人的性格、履历、喜好直接影响着企业的品牌形象，尤其在互联网信息越来越透明的今天，这一现象越来越明显。

纵观历史，个人品牌树立最好的非唐太宗李世民莫属。毛主席说：“自古能军无出李世民之右者，其次则朱元璋耳。”人非圣贤，李世民个人打仗真的有那么厉害吗？我觉得没那么简单——除了个人能力外，他还拥有超级团队，而且创始人品牌输出得好。所以，品牌首先要从创始人开始打造。李世民主要从五个维度来进行个人品牌包装。

一、话题引爆

李世民 4 岁时家里来了一位自称会相面的书生对其父李渊说：“您是贵人，而且您有贵子。”当见到李世民时，书生竟说：“龙凤之姿，天日之表，等到二十岁时，必能济世安民。”李渊便采“济世安民”之意为儿子取名为“世民”。

在我看来，这个故事在李世民 18 岁之后流传出来，那时正是李世民刚“创业”的时候，换言之，他在给自己做话题炒作。君权神授，借算命先生之言引起大家关注和传播，从而传播“他是将来要成大事的，是李家中最厉害的存在，并且将来一定能让老百姓过上好日子”。整体来说，李世民就是在合适的时间做好了一个 IPO 计划，然后按照时间节点提前引爆一个话题进行传播，获得群众支持，并许下高回报的预期。

由此可见，创始人的品牌宣传需要选择合适的时间点展开，并找到大家都愿意参与的炒作点。切记不要过早宣传，尤其是刚开始什么都没有的时候就包装创始人，这样反而会给人留下“浮夸”的不良印象。

二、典型案例

虎牢之战，一举歼灭中原两大割据势力，即河南王世充和河北窦建德集团，使唐朝取得了华北的统治权。中原是最靠近权力中心的地方，能够得到权贵的支持。从营销上来说，这一仗影响了绝大多数的优质客户。历史记载，李世民虎牢之战后班师返京时，受到长安军民的隆重欢迎，被封为天策上将，领司徒、陕东道大行台尚书令，位在王公上，食邑增至三万户。

从纯战争的角度来说，不管在哪儿都得打，就像做市场一样，全世界都可以是目标市场。重要的是要找准关键意见领袖（Key Opinion Leader，KOL），并且在 KOL 面前树立一个典型认知：这个事儿就你最在行！所以典型事例一定要在大客户或者离市场最近的战场上凸显你的能力。初期个人品牌的典型案例可以说以前干过什么，比如曾就职于世界500强、是××名人的顾问、××事件（公司）创始人等；中期个人品牌的典型案例可以重点突出现在的公司做过什么活动、事件，拿过什么奖，获得过KOL的认可等；后期的个人品牌典型案例需要列举实在的数据，如马云，“双11”创造全球一日消费纪录就极具代表性，而一提到iPhone便会想到乔布斯。归根结底，创始人得有点拿得出手的东西，如果没有就尽量不做创始人包装，专心做好企业品牌。这样看来，创始人的成功与经历，是品牌的核心内容。

三、人格标签

对于企业创始人而言，需要放大、突出他对企业有利的性格特征。科技型企业，就需要突出创始人的技术信仰；生产型企业则突出创始人踏实、稳重、重信用。这一点很像欧洲的豪门俱乐部，比如，梅西是现在巴塞罗那的精神图腾，他的故事被广泛传播：他从小患病，后来被巴塞罗那球队资助并在西班牙接受治疗，继而进入青年队，最终一球成名。在这个故事里，既讲了球员的传奇经历，也介绍了巴塞罗那俱乐部颇具人情味的运营理念。

使用人格标签时，切忌刻意模仿他人特征。这需要专业的艺术化包装与转换。随意模仿他人意味着个性的丧失，做得蹩脚往往会适得其反。

四、用户互动

李世民算是历史上最会与用户互动的“创业者”了，他有一名句：“夫以铜为镜，可以正衣冠；以古为镜，可以知兴替；以人为镜，可以明得失。朕常保此三镜，以防己过。”三个角度做了三次用户互动：良好的形象、热爱学习、虚心接受建议，基本上做到了在用户互动上的极致。真正的用户互动，不仅是你跟用户做了多少沟通（我有一个企业家朋友甚至亲自去当客服），而是你能与用户建立良好的沟通机制，让用户信任并且愿意主动与你交流，这个交流可以是邮件、口碑、会议。

从这三个角度来看，企业家包装主要是良好的企业家形象、专业并且不断进化的服务能力、能否接受建议并调整。

简单来说，对创始人的包装与对艺人包装并无本质区别，都需要一整套公关照片。同时，创始人需要具备一定文字能力，把自己的学习、感悟落到纸上，形成思想体系。虽然现在视频当道，但对于颜值不高的创始人来说，文字传播更安全、更理性。

做企业一定会面对投诉和用户建议，要注意倾听，不要辩解，用户从不关心你怎么干，他们关心的是你干成什么样，他们提出问题后你怎么解决，你解决问题了客户也会因为他的参与而获得一定的成就感，从而与创业者站在一条战线上。很多创始人会犯一个严重的错误，希望通过解释去获得谅解。但商业就是商业，靠获取同情和谅解很难持续。

用户认识品牌，往往都是从认识创业者开始的，员工的行为也被用户定位于是创业者要求、影响、打造出来的。

五、媒体宣传

酒香也怕巷子深。因此，应充分运用媒体将自己的品牌传播出去，从而达到合作的目的。

个人品牌的传播一定是需要有文字定性和口碑运营的，通过文字性的描述为创始人进行画像，简单直接地放大优点（也就是人格特征），同时通过口碑传播典型案例强化印象，最终形成一个通识性的个人品牌形象。

媒体可以画像，但往往也容易误导甚至曲解，善于运用媒体才是关键。

品牌之初就来自创始人，创始人的创业经历、个人简历、工作作风、做事风格、为人处世方式，都是品牌的内核。所以品牌塑造要先从创始人挖掘总结，再通过公司这一组织体系进行商业化展现，然后不断融合更多个性化群体来丰满品牌内涵。

最终，一个好的创始人品牌会让人觉得他哪儿都好，但又无法具体说出哪里最好。这样就会留下一个不可替代的印象。

案例

创始人与企业的 IP 共生

每个顶级的品牌后面，都站着一个非比寻常的创始人。

在《亮剑》中，打响独立团牌子的就是李云龙，因为这个创始人（确切地说是李云龙重整独立团）的性格，使整个独立团都带着李云龙特立独行的气质。而几次“恶仗”打下来，造就了独立团这个品牌。同时，独立团也成就了李云龙，他们之间有着密切的共生关系。

创始人是品牌最大的代言人，决定着品牌格局、定位、气质及性格。

乔布斯创立了苹果，因为其孜孜不倦的产品研发精神，苹果从产品、团队、LOGO 以及整体形象，都带有“乔布斯”风格。众多人士为乔布斯疯狂，与其说是“果粉”，不如说是“乔粉”，他们视乔布斯为精神偶像，其风格延续至今。

无独有偶，阿里巴巴集团创始人马云，被大家称为“外星人”。外星人的气质在阿里巴巴、淘宝、天猫的 LOGO 中得以体现。不仅如此，马云崇拜金庸作品中的各类武侠人物，他自称大侠风清扬，阿里主要高管就都有了花名，这也成为阿里特色，而一直被外界评价的“十八罗汉”则成为典型。

在阿里未成功之前，马云被外界当作“骗子”“传销头目”，不断被诟病。但为了阿里的成功，马云不断在各种场合推销自己的平台、产品、模式和理念，不断说出各种“大话”（这些大话都已经成为现实），造就了现在阿里系创新、坚持、大平台、大格局的全系列品牌理念。

众多品牌更是带有强烈的创始人色彩：海尔张瑞敏、国美黄光裕、格力董明珠、联想柳传志、蒙牛牛根生、万达王建林、华为任正非等。这些品牌与创始人几乎都画上了等号。

当然，这其中也有很多失败者。被外界誉为“贾布斯”的贾跃亭，现在成了“贾跑路”，信誉大跌，带来的则是乐视团队的整体名誉受损。贾跃亭使乐视品牌信誉大损，而这种损失几乎是塌方式的沦陷。

第三章

市场发展真的可以被管理吗

3

“

市场的发展就是用户的发展，市场部门的工作主要是一步步地发展用户。用种子用户的“星星之火”来“燎原”，用系统化来服务成规模的用户群体，最终找到用户发展与营销之间的必然关系。这是一家企业由小到大的必经之路。

”

神农日中为市，致天下之民，聚天下之货，交易而退，此立市始。

司马光，《资治通鉴》

种子用户很重要

定位和市场细分能够让企业明确市场格局。但在具体执行中，找对市场切入点、获取第一批客户，往往是企业走上成功之路的重要因素。

种子用户就是燎原的“星星之火”，是指企业创办初期的用户。这类用户对企业的产品或服务感到满意而产生一定程度的忠诚，并起到一定的传播作用。他们会主动向他人推荐企业的产品或服务，为企业带来新顾客。对于互联网企业来说，种子用户大多靠创始团队通过各种社群或者直投广告的方式获得，基本上都是先与用户做朋友，一起成长。比如，王兴创建人人网时，种子用户主要靠清华校友的推荐和定向在学校派送鸡腿的方式获得。对于白手起家的创业者或者初创品牌来说，种子用户的选择和运营是走向成功的关键。

从商业的发展看，我们不得不想到“晋商”。“晋商”是中国最早的商人，其历史可远溯到春秋战国时期。明清两代是晋商的鼎盛时期，晋商当时成为中国十大商帮之首，其后在中国商界称雄达500年之久。“生意兴隆通四海，财源茂盛达三江”，便是“晋商”的自我写照。“晋商”的成功令人注目，他们如何取得成功是一个值得研究的课题。下面我仅以“晋商”的代表“乔家大院”的初期发展史来简单分析如何在早期发展种子用户，把生意一步步稳扎稳打地做大。

一、由近及远建立信任基础，种子用户是最好的同盟

亲朋好友是天然的种子用户，他们与创业者有许多的共性，是早期能找到的最精准的客户群体。乾隆初年，乔家的第一代乔贵发为做生意而走西口，在包头一个当铺做店员。十余年后，乔贵发和秦姓同乡开了一个小字号“广盛公”。后来生意不景气，“广盛公”面临破产。但“广盛公”的许多生意伙伴认为“广盛公”的东家为人处世不错，不忍看他们破产，相约三年后再来收欠账。三年后，乔贵发不但还清了欠款，他的生意还重新复兴起来，“广盛公”改名为“复盛公”。从发展时间线来看，这是一个非常典型不断由近及远地找到支持者并建立信任的过程。最开始的十余年里，乔贵发都是在不断积累相应的客户资源和经验，然后与同乡一起创业，创业的过程中不断受挫。但因为有信誉而得到合作伙伴的信任和支持，最终完成了第一次的资本积累。

在找种子用户的过程中，一定要想明白三个问题：一是谁最需要我的产品；二是我能提供哪些更好的产品；三是出现问题后怎么才能把用户留住。其中，需要重点注意：种子用户一定是少量的用户，找到最精准、最愿意支持你的少部分人，重点维护好他们，让他们参与社群的构建，而不是仅仅需要一锤子买卖的人情帮助。对于不了解的朋友，可以在之后邀请其参与你的社群活动，或者通过一些举手之劳的求助进行争取。很

多时候，如果没有朋友支持你，那就干脆放弃。要么事不靠谱，要么人不靠谱。

二、维护好种子用户，就是得到了最好的市场“磨刀石”

乔家最早做当铺起家，最终以票号业务闻名。那么，他们真的仅用一次转型就成功并到达顶峰了吗？显然不是，乾隆二十年（公元1755年），乔贵发与秦姓同乡正式开设了“广盛公”货铺，先经营了草料、杂货，但一度亏本；后来，他们通过经营黄豆才把生意局面打开；其后，业务慢慢发展为以经营油、粮、米、面的“六陈行”为主。随着几代人的经营，乔家的业务又经历了转型丝茶（丝绸、茶叶），最终业务重心放在了票号上，达到了巅峰时期。

由此可见，在这期间，几代人换了好几种业务，他们是如何得到客户资源慢慢做大的呢？其实仔细分析便可发现，不论做哪个行业，市场目标都没有变化，那就是都在为同一类群体提供不同的产品和服务，那些种子用户因为信任关系而成为其商业发展中的“磨刀石”。乔家根据市场反馈不断完善商业模式，最终征战亚洲市场，甚至把触角伸到欧洲市场。

早期的产品在维护种子用户的时候都是如此，我们需要不断地通过试错来检验产品方向和用户群体。在这一过程中一定会有早期的用户流失，如何把这个流失降到最低往往是取胜的关键。在变化的市场中，我们应尽量将产品的目标市场定位得更精准，通过不断试错和纠偏寻找种子用户，最终实现种子用户从量变到质变的转化。

举两个我创业的例子。2010 年，我最开始做团购网站的时候，目标用户是一线城市下班后需要生活消费的用户，而种子用户则是会逛团购导航和搜索打折餐饮券的人，所以我重点与这两种类型的公司合作做活动并适时地投放付费广告。此后，为转化过来的用户建立不同喜好的社群，从而指导当时团购商品的上架策略。我在 2015 年做营销平台“数字镭”时，种子用户是中小企业主，他们中的大多数人不懂如何有效地策划和宣传，有钱也不知道该怎么投放，因此我不断加入创业企业的组织和联盟并做营销分享，从解决他们问题的角度与他们探讨方式方法，最终建立了以数字镭（DMLei）的种子客户为核心的“数字镭营销研究院”社群，从而形成好口碑，最终实现市场突破。

总结来说，在寻找用户的过程中要敢于试错并不断纠错，最终明确种子用户到底是谁，他们在哪儿，他们的痛点是什么，他们凭什么帮企业传播。

三、给种子用户一些物料，他们就能把产品带到全世界

当朋友向我推荐他的产品，希望我帮忙发展用户时，我都会问一个问题——“你希望我怎么说？”然后把问题抛回去。如果对方没有相应的资源物料，我也就自然而然地婉拒了。其根本原因在于人都有惰性，没有必要花时间去理解、整理好说辞再去向别人介绍。但如果对方把整理好的一张图或者一小段容易被理解的文字发给我，我只需举手之劳便能完成，我当然

不会拒绝。好的商业模式都能用一句话讲明白，让人一看就懂，懂了才能永远地记住。种子用户只有记住了才会去传播，最终达到裂变效果。种子用户裂变需要一个传播媒介，简短的商业介绍和富有吸引力的视觉冲击是现代快餐社会的传播核心，在这方面是不能偷懒的。

如今，大多数人说起“晋商”或者“乔家大院”，第一反应就是“票号”，这就是最好的一种物料体现——它既是产品，又是宣传品，这点与很多纯互联网公司的产品形态一样。当你的产品介绍足够简洁，并且实用、易用，就自然而然地能被快速传播。本质上，宣传必须有沉淀和提炼的核心点，将我们的产品核心不断提炼后才能形成一定的宣传品，最终才是品牌包装。毕竟人与人之间的沟通成本才是最高的，“三人成虎”的事情数不胜数，一切的传播都需要借助资源来进行拓展。

从互联网的角度来看，营销需要的资源主要是网站、微信公众号、微博蓝 V 认证号、APP、PPT、DM 单、纪念品等。由于用户每天接收到的信息不断呈几何倍数增加，资源的充足性就非常重要。我们需要从不同的角度加深用户印象，形成一个 IP 才是一种极致的传播。比如，通过已经确定的核心点去树立一个创始人的形象、写一个品牌的历史故事、建立一个与用户沟通的方式等，让一切都围绕核心延展，最终形成一个固定的品牌印象。

四、建立 CRM，让种子用户裂变

在发展种子用户的过程中一定会有筛选和流失，所以用户管理就会非常重要，需要花费巨大的心血去保护和管理。

随着科学的发展，这已经形成了一套完整的管理运营体系，我们称之为客户关系管理（Customer Relationship Management，CRM），主要通过大数据进行用户画像建立 CRM 识别和保持有价值的客户，目的是提高企业核心竞争力。CRM 由客户信息管理（CIM）、销售过程自动化（SFA）、营销自动化（MA）、客户服务与支持（CSS）管理、客户分析（CA）系统、进销存六大主要功能模块组成。创业者可以提前建立相应的 CRM 数据体系，使将来的用户分析有据可依（网上已经有很多成熟的相关软件可以借用）。

从互联网运营的角度来说，当我们有了 CRM 后，就需要再进一步记录以下数据：每次登录的 IP、时间、访问时长、常看页面、最后一次消费时间及产品、消费频次、消费金额，通过这些数据建立相应的 RFM 模型真正去指导工作，这是一套老客户唤醒逻辑模型。在 RFM 模式中，R（Recency）表示客户购买的时间有多长，F（Frequency）表示客户在某段时间内购买的次数，M（Monetary）表示客户在某段时间内购买的金额。

一般的分析型 CRM 重点在于对客户贡献度的分析，RFM 则强调以客户的行为来区分客户。于是我们通过 RFM 对客户进行评级如下：

重要价值客户：最近消费的时间近、消费频次和消费金额都很高，必须是VIP！

重要保持客户：最近消费的时间较远，但消费频次和金额都很高，说明这是一个一段时间没来的忠诚客户，我们需要主动与其保持联系。

重要发展客户：最近消费的时间较近、消费金额高，但频次不高，忠诚度不高，很有潜力的用户，必须重点发展。

重要挽留客户：最近消费的时间较远、消费频次不高，但消费金额高，可能是将要流失或者马上就要流失的用户，应当采取挽留措施。

综合以上维度，再基于各企业的实际情况，我们就可以有针对性地做出解决方案（见图3－1）。

价值级别	购买时长(R)	购买频率(F)	购买金额(M)
重要价值	近	高	高
重要保持	长	高	高
重要发展	近	低	高
重要挽留	长	低	高
一般重要	近	高	低
一般客户	近	低	低
一般挽留	长	高	低
无价值	长	低	低

图3－1　RFM模型对照

最后需要提醒的是，种子用户是企业创业前期的核心用户，需要积累、维护、分析构建，一份客户名单并不代表就是种子用户。只有“种子”成长为参天大树，让大家都看得到，成为大家学习和追求的目标，才能形成标杆效应！

种子用户需要开花结果，而且必须有标杆性作用。例如，淘宝最初的时候，有一批店铺实现了销售，后来从中出现了百万元、千万元、亿万元销售额的店铺；滴滴通过不断补贴大战，使众多司机从兼职变成了专职，都是因为每天收入数千元、月收入上万元甚至数万元。但真正做到这个效果的企业毕竟是少数，而且用户越多，所需要的投入就越大，难度就越高。但这就是种子用户发展的标杆作用，让越来越多的人相信和投入，衍生出越来越多的新用户。

案例

滴滴：从16个种子用户到千亿帝国

现在市场上，我们耳熟能详的各种过亿级用户平台，其实都经历了最初的种子用户获取。

滴滴打车最初在北京，把人员全部派驻在市内，挨个向出租车司机、出租车公司推销平台，以试行滴滴打车模式。虽然这当中的痛苦我们无法体会，但我们可以想象的场景是：员工带着手机、拿着传单、背着包，看见出租车司机就去介绍，求下载（现在北京以及其他一些城市都还有很多平台员工在地铁里求扫），但往往被拒绝，被当作骗子躲闪不及。后来，滴滴终于谈下一个只有200余辆车的出租车公司，允许程维等人在司机例会上进行15分钟产品介绍。但推广会上的100多名司机中只有20名有智能手机，推广效果可想而知。

2012年，滴滴打车上线500名司机客户端，但真正使用的只有16人。正如程维当时所说，有16个司机相信我们，不能让他们失望。这就是种子用户，为了维持这批种子用户，程维安排人专门绕着三环打车。

现在看来，正是这16个种子用户点燃了滴滴的星星之火，形成现在燎原之势。

这样的例子还很多，陌陌、美团、摩拜等都经历过种子用户萌芽状态的生死。

不仅这些品牌如此，淘宝的发展同样经历了这一过程。早年，网上购物被认为是天方夜谭，淘宝上第一批用户都是被“市场边缘化”的群体，他们没有资金、没有产品、没有团队、没有技术，更没有品牌或者资本来支撑，唯一有的就是“创业精神”和一颗当老板的心。

他们当中有设计师，有业务员，有办公文员，有宅男、宅女，他们其实最初的想法就是在平台上试一试，中途退出的不在少数。但后来那些销售出了商品、赚了钱的“玩家”成了淘宝标杆，宣传得多了，也就让越来越多的梦想家开始在淘宝创业。

随后，非传统主流品牌的企业、商家开始加入。真正让淘宝走入主流市场的是天猫商城的推出，一批传统品牌进驻使淘宝从“游击队”变成了“正规军”，走向了规模化，创造出越来越多的销售神话。

我们无须赘述他们的成功经历，只需认识到一点：积累客户，拓展客户。没有伟大梦想和目标就无法持续，没有不断试错和纠错就没有趋向完美的结果，没有不断的规范就无法承载越来越多的用户量。

用户规模化后的系统化管理

“风过疏竹，风去竹不留声；雁渡寒潭，雁过潭不留影。”作为一个在互联网行业创业十余年的人来说，一想起大量用户，我就情不自禁地想到这首诗。从用户数量的角度来说，人类史上做得量最大的也就是近十年来做互联网的这些企业了。这些年，我目睹或参与过不少互联网公司快速获取到海量用户，同时也见证了大量的企业快速倒下。无论做什么行业，都需要将现有的客户服务好，然后再去扩张。

回顾过往，中国历史上最像做互联网公司去拓展海量用户的人当属成吉思汗了。我们以成吉思汗西征准备为例，看他如何从小做大，最后形成平台规模化流量，让“平台”走向成熟的。

成吉思汗陵位于内蒙古鄂尔多斯市，陵里放着一团绒毛，由达尔扈特人守护了近 800 年。陵内的酥油灯从来没有灭过，它早已是一种“信仰”，有点类似现在的“产品狗”或者“果粉”崇拜“乔帮主”一样。这是一种企业文化的衍生，这种文化让人在做事情时有明确的方向和标准，从而形成自发传播，继而呈指数级的扩散。当时成吉思汗具体做了哪些安排来实现以少胜多、快速发展的呢？其实这归功于以下五个重点事件。

一、夯基础——部门创新，分工更细

古语道，“兵马未动，粮草先行”。很多创业者认为，只要融资到位，公司就一定能做起来，但这是片面的认识。除融资之外，人也同等重要。特别是公司的中层干部和基础组织结构。尤其对创业公司来说，资金缺乏的时候就更应该在组织结构上创新，让团队有分工和配合。成吉思汗为了争霸创立了护卫军、炮军、工匠军、箭速传骑等，通过细化的分工以适应更大的战争和更辽阔的土地。

从互联网的角度来说，细分的部门就如公关部（Public Relations，PR）、数据分析部、研发部（新技术研究，而不是开发）、运维部、用户体验部门（User Experience，UE），以及业务拓展部门（Bussiness Development，BD）等，这些都是随着用户量的不断增长而新增的部门，组成了一个非常复杂的大型架构。我们从中应该主要学习到人员工作需要进一步创新，让企业人员不断地跟随市场成长，因为企业成长的真正“天花板”在于管理人员和组织结构。

二、拓渠道——代理机制，利益捆绑

任何大型企业的成长都离不开成熟的代理机制，通过机制将更多人的利益捆绑在一起，从而挖掘更大的市场。成吉思汗就创立了军政合一的代理制度——千户制，把占领区的人户编为95个千户，分封给开国功臣和贵戚们，分别进行统治。建立特殊功勋的那颜，还被授予种种特权，以此建立了一个层层隶属、指挥灵活、便于统治、能征善战的军政组织。

企业也应如此，市场政策、销售提成方式、结算方式及用户邀请返利等一系列利益链都需要仔细考虑并有效执行，对于业务能力突出的代理应该给予重奖，在守住战果的同时实现发展。在渠道管理上，我个人一直推崇“马太效应”，即给业务好的渠道更多的奖励，让其得到更多支持。

三、重宣传——产品思维，让用户自传播

蒙古族本没有文字，只靠结草刻木记事。成吉思汗任用畏兀儿人塔塔统阿为国傅，有点类似市场副总裁，让其创立文字，发布公关稿等。有了畏兀儿人的文字，成吉思汗将自己的领导规则、律令和古代习惯重新进门规定，形成《札撒大典》。之后，每逢新汗登基、大军调动或诸王会集共商国事和朝政，他们就把《札撒大典》拿出来，依照上面规定行事，并根据其中规定的方式去部署军队。然而企业文化不应仅限于内部思想的沟通，更应该落实成文字或者产品，形成一个全社会认可的传播介质，这样才能实现更广泛的传播。比如，我现在一直努力写营销方向的文章，也是为了让大家了解我做市场的方式方法，得到认可，以获得更多的合作机会。在这个优胜劣汰的社会，产品化思维是决胜关键。

四、做定位——思想包容，产品适应用户

成吉思汗建立的蒙古汗国横跨欧亚大陆，其统治的范围之

内有各种不同的宗教。蒙古贵族征服这些地方后，并不强迫被征服者改信蒙古人的宗教，而是宣布信教自由，允许各个教派共存，而且允许蒙古人自由参加各种教派，对教徒基本上免除赋税和徭役。实行这一政策，明显减少了被征服者的反抗，对蒙古贵族得天下和治天下都曾发挥了不小的作用。

企业市场也是如此。如 KFC 在全球各地的做法就不一样，甚至在中国不同城市的口味都不一样，在湖南就会辣一些，在上海就会偏甜；再如 Apple，在全球的 App Store 的内容就不一样。当我们需要获得大量用户的时候，市场和产品就需要具有尽可能大的包容性。从互联网的角度看，就要进行用户画像，建立各种的用户层级和 CRM 体系，这些是非常重要的。但是分层不是关键，关键在于每一层级用户的产品适配度和市场公关角度。很多时候同一个产品换个不同的说法可能就满足了不同的用户，如加多宝做市场定位的时候并没有说是上火的人喝，还是不上火的人喝。“怕上火，喝加多宝。”广告语中既并没有说防止上火，也没说治上火，只是换了一个角度来说凉茶。至于怎么理解，就是消费者的事情了。

五、站风口——洞察市场，借势推动

创业，要做“一只站在风口的猪”，占领市场更要顺应民意。中亚花剌子模国讹答剌城的海儿汗杀死了蒙古汗国的 499 名和平商人，其国王摩诃末又武断地杀死了成吉思汗派去交涉的正使，此事引得蒙古民愤极高，这个时候成吉思汗讨伐自然

得到了大家的支持。但成吉思汗的真正目的是为了报仇吗？显然不是，作为一个游牧民族的战神，他想要的是更多的土地，为自己的子孙经营一片理想的领地。

创业也是如此，创业者的目标是把企业做得更好更大，那么就一定要站在风口或者顺应民意。比如，有一些做商业地产的人，20 世纪 90 年代做房屋租售，2000 年后开始做孵化器工位出租，2010 年后集中搞众筹做咖啡馆和会所，这两年又改做创业空间加辅导，紧跟着时代的变化。他们就是在所处的领域里利用已有的资源适应不同阶段的变化，借助市场变化进行战略升级。企业做市场更需要有这样的思维。

总之，要紧跟形势变化，洞察规则变化，及时调整以应对市场变化。比如，近几年来，“互联网 +”成为热点，宣传的时候就应该在产品中融入“互联网 +”的元素；再如，国家严打互联网金融犯罪，我们就应该避免在宣传中成为罪犯的“帮凶”；又如，VR 备受热捧的时候，我们可以考虑让产品通过 VR 体验或者将来会有关联来吸引消费者。只有这样才能借助新概念和舆论的力量快速拓展市场，让更多的人了解品牌。

获取大量用户是一个非常庞大和复杂的课题，以上从市场角度做了一个简单的梳理，夯基础、拓渠道、重宣传、做定位、站风口都是必不可少的元素。然而，不同的企业会有不同的方式方法，这就需要单独分析、“对症下药”。

管理出效益，流量增长是一条不进则退的道路。

在用户管理上，首先要进行用户种类和级别管理，不断升级、优化铁杆粉丝和用户，这也是标杆榜样作用；其次是内部效率提升，随着量级的不断增长，平台效率和用户需求之间的矛盾日益凸显，这需要高效率转化；最后是风险管控，就是重视用户体验、反馈，重视口碑的管控。用户多了，意见就多，问题也多，若不能及时处理和应对，在社会化媒体时代，负面舆情带来的恶果将不堪设想。

案例

抖音的爆发性增长

2018 年初最火的莫过于抖音。

抖音在上线一年多，经历了 2018 年春节之后，用户量从 4000 万人次暴涨了 75% 达到 7000 万人次，而且这一指标还在急速攀升。截至 2018 年 6 月，抖音官方发布的数据显示，国内日活用户突破 1.5 亿人次，月活用户超过 3 亿人次。这个数据正在不断增长。抖音非常重视宣传，其品牌曝光逐渐增多，开始在大量综艺节目中进行品牌植入。抖音不仅出现在网站的广告当中，而且还在浙江卫视《王牌对王牌》的综艺节目中推出了抖音达人亮相。越来越多朋友的手机被抖音刷屏。

稍做分析，我们可以从中看出以下端倪。

定位精准

抖音最早定位于“年轻人的音乐短视频社区”，将短视频时常控制在 10 ~ 15 秒。它强调一种新鲜主张，一种肢体表达，一种视觉上与听觉上的冲击，更符合年轻人的需求；它宣扬年轻的态度，进而吸引人群“尝鲜”。大屏手机的普及和网络基础设施建设的提速降费让更多人，尤其是更多年轻人开始习惯于用短视频表达自己，所以抖音团队一直坚信，UGC（用户创造内容）短视频在年轻群体里一定是有很大机会的。

站风口

抖音属于“网红视频”，越来越多网红进军抖音 APP 就会吸引更多的人去看、去下载，或者吸引一些对音乐和创意感兴趣的用户；加上抖音 APP 上拥有全球潮流音乐搭配、舞蹈、跑酷、表演等原创，为抖音形成了一个自发的用户虹吸效应，使种子用户实现裂变，急剧增至规模化，从而让平台一跃成为“自来水”的蓄水池。

抖音成功了，但与他相仿的快手却接连走背运。先是遇到了抖音这个强大对手，又在用户存量管理、平台专业化方面遭遇重大挫折。最初，央视《新闻直播间》节目报道了快手短视频平台出现大量不良内容。快手 CEO 宿华随即发文道歉，称快手社区的发展在一定程度上偏离了原来的方向，会坚决抵制和删除违法违规及色情低俗视频，并采取相应措施。

但对于这个道歉，网民并不买账，纷纷提出：快手早干什么去了？依托各种噱头和讨好网民的各种算法闷声发大财时，平台的价值观和管理都到哪里去了？作为一个规模化的用户平台，承载的不再是单一的商业价值，而应承担更多的社会责任。**社会价值才能决定平台的命运，这也是未来用户存量管理的核心。**

不仅国内平台如此，远隔重洋的FaceBook也是焦头烂额。用户信息泄露，让平台失去了用户的信任和社会认可，相关机构也开始介入调查。

现在我们还无从下结论，但从社会舆论看，从种子用户，到规模化，再到存量管理，由乱到治是未来必然的市场发展过程。

用户管理与营销密切不可分

用户管理最早是指互联网网站站长在后台管理用户的功能，现在这一功能逐渐应用到企业当中，成为一种客户管理体系。这里又要提到CRM（客户信息管理系统），其最终目标是吸引新客户、保留老客户以及将已有客户转为忠实客户，增加市场份额。这其实就是大家通常说的用户存量管理。

用户管理是经营品牌并使其价值长久发展的一个重要手段，所有的企业都希望持续经营下去，那么新客户如何成为忠实客户？如何避免老客户流失？这是每个企业在经营过程中都需要考虑的问题。市场营销方式是吸引客户到来，产生销售后是否能让老客户为品牌带来新的客户，就需要用户管理了。在互联网领域，用户管理更多的指向用户“数据”管理。在品牌和营销领域强调用户“价值”管理，如奢侈品正店绝不会用换季全场7折的噱头来吸引客户，同时奥特莱斯店的产品和专柜店的也不一样，因为奢侈品需要保持客户对品牌高附加值的认可；豪华车的广告永远谈成功的人生价值，家用车一定是说如何省油、经济实用、工作生活都不耽误；超市的商品永远不会让人觉得贵，客户买东西还可以积分换购，他们会很稳定地在附近的超市购物消费，这就是用户“价值”管理。

回看历史，在用户管理方面与创业公司最相似的要数忽必烈建立的元朝。元朝的市场团队突然获得了大量没有忠诚度的用户，面临员工少、用户体验差、存在大量僵尸用户等各种问题，但忽必烈依旧完成了用户的转换，把公司做到了一定的高度。以下我们就一起了解忽必烈创立元朝前期的用户管理方法。

一、视角

元朝在推行汉人的典章制度与维护蒙古旧法之间，时常发生冲突，并且分裂成守旧派与崇汉派。在我的公司里，不同部门之间也会有冲突存在，比如，市场人员认为应该客户导向，要求所有产品都从用户角度出发，所有开发资源先要解决用户问题，满足用户需求；而技术人员则认为要技术导向，要求系统稳定、安全和易操作，希望先把底层架构搭好，让管理系统完善易拓展，这样将来的工作会更安全和清晰。

看上去双方都有道理，但真正适合创业公司的还是用户视角。只有一直围绕用户解决问题才能得到用户的信任，如果一味地想着自己的问题，也许系统完善的时候也就是公司资金链断裂倒闭的时候。

二、共鸣

做用户转化，还需要有思想上的共鸣，也就是我们说的企业情怀。要么用户认可企业情怀，要么企业迎合用户情怀。忽必烈选择的是迎合用户情怀，实现统一后定都汗八里（前金朝首都中都，今天的北京）。这一表态马上让汉族人民觉得这个皇帝依旧会重视汉族，之前的担忧和民族不认同感随即消失，并且逐渐融合。

对于创业者来说，初创企业一定要贴近用户需求。如果做电商平台，就要让用户觉得你站在消费者一边；如果做 P2P 平台，就要让用户觉得你和投资人是一起的。这个时候就需要企业通过事件、行为和宣传来表明态度，真正和用户产生共鸣。

三、专业

蒙古族以擅战闻名，这就好比一个品牌形象。企业一定要维护好品牌，元朝的品牌显然就是军事管理。忽必烈的业务管理很简单，保证安全的事儿主要由蒙古族人来做，汉族人搞好生产。

明朝诗人李开先在诗集序中写过“元不戍边，赋税轻而衣食足，衣食足而歌有作”，就是说元朝老百姓都不用当兵，交的税也少，有安全感，还有钱，所以有闲情唱歌吟诗。创业企业向用户传达的理念也应该是这样：用了我们产品你就放心吧，事儿肯定给您办得妥妥的，还能省钱，您就安心做好自己的产品就行。

我经营数字镭（DMLei）的目标也是如此，向同事和用户传达的理念就是“让客户专注于做好自己的产品，我们把市场推广的问题解决”。

四、极简

元朝算是中国历史上政治最简单的朝代，生长在草原上的人普遍豪迈爽直，所以管理也很直接。朱元璋曾评价元朝为“元主中国，殆将百年，其初君臣朴厚，政事简略，与民休息，时号小康”。[①]

创业公司（尤其是互联网公司）要做用户转化，流程体验一定要简单，要提炼出最精华的部分给用户。比如做用户回访，我们大多都接到过这种电话，当回访专员在做各种自我介绍（我是××公司的××，需要耽误您几分钟时间）的时候，就直接挂断了电话。大家都很忙，很少有人会接受陌生人的电话“骚扰”。正确方式应该是回访前先通过上一章我说过的CRM和RFM等多种方式研究客户，然后打电话过去直接介绍自己来自哪家公司，对于您之前的某种行为做一下售后回访。接听者得知电话与自己有关后，才不会立马挂断。

做用户管理不要绕，要直击痛点，以极简的体验让用户快速了解信息。

用户体验最终的结果是专业与用户需求的一致性。所以，**用户管理需要从专业和行业细分角度去对接用户行为，这样才能使平台具有对用户的高度黏性。**

---

① 《明太祖实录》卷三十九。

案例

苹果的体验升级

进入21世纪，人类社会逐渐步入体验经济的时代。众所周知，IT产业的生命周期很短，主要依赖产品迅速更新、技术不断升级进行营销。但是，在进入新世纪的十几年间，我们看到了除IBM、微软这样不断进行技术升级和服务升级之外的另一种营销模式——体验升级。

使用过苹果产品的人都深有体会，苹果的用户习惯使用苹果产品后，就很难再使用别的同类产品。其主因是苹果产品带给用户独特的风格和体验，无形之中培养了每个用户的独立使用习惯。

首先，苹果产品只从用户出发，并尽可能做到极致，从而与用户产生共鸣。苹果的产品因其极简的设计、亲切的用户界面、人性化的使用场景、工业化的外观而备受追捧。而带来这种体验的基础，实际上是苹果团队对每一个细节的追求。人们走进苹果商店后最大的感受是设计环境的改观——与其他IT店面不同，在简洁朴实的展架上，产品的展示恰到好处。其实，苹果商店的这种设计在制造一种独一无二的购物体验，给人一种心理暗示，即苹果公司总是会以完美、个性来形成无限的创造力。苹果公司的产品广告很少使用明星人物，大多都是从普通用户的角度去发布广告词和宣传片，让人很容易产生共鸣——“对，这就是我想要的生活”。

其次，苹果产品的设计都是极简风格，但却显得更为专业。无论是从LOGO、外包装，还是从系统的界面、操作按键，都是尽可能的简单，让人很快便能学会并且适应它。同时，因为苹果系统完全是一套内部系统，从而使它的产品相对安全。因此，当有一个非常简单且安全的产品让你使用的时候，你还会去学习使用其他新产品吗？

最后，苹果具有强大的营销方式和品牌归属感。苹果一直使用“饥饿营销”方式，比如，苹果公司适时透露消息，对新品的曝光、相关专家的预测，以及乔布斯产品发布会演讲，使得抢先体验、数量有限、预售期待等观念深入人心，继而在用户中产生了病毒式蔓延。爱立信实验室对全球iPhone用户的调研显示：70%以上的用户认为，iPhone是个性、前卫群体的标志。如果说，用户选择其他产品时购买的是功能，那么选择苹果的产品则是为自己的情感和自我实现买单。

综上所述，苹果公司凭借用户管理的几大特点，在近十年的市场中保持用户流失率极低，并且能产生产品裂变的战绩，从而成为全球市值最高的公司。

第四章

公关如何促进市场营销

4

“

在商业发展中，营销重“攻”，公关重“守”。都说打江山易、守江山难，做企业更是如此。好的公关能救企业于危难，助营销事半功倍。有舆论就需要有公关，公关是一个涉及品牌展示、商务合作、媒体关系等多种商业行为的综合体现。

”

组织在决策之前，应先去了解公众的需求和兴趣，然后有针对性地展开有科学理论指导的说服性宣传，在迎合公众要求中争取其支持。

爱德华·伯尼斯（Edward L.Bernays），《公众舆论的形成》

公关合作与营销市场危机意识和机制

很多企业将营销等同于销售，其实只是“打江山”阶段才如此。对于“坐江山”而言，很多公司对“稳住市场”往往提得多、做得少，根本原因是危机意识和机制欠缺。

获得用户之后，最重要的是维护好用户。据统计，一个老用户的价值远远高于3个新用户的价值，对于有一定用户（或客户）量的企业来说，品牌公关是非常重要的一个环节。每年3月15日（“3·15”）是“国际消费者权益日”，同时也是公关人员最提心吊胆的时候。某一央视重点聚焦互联网，被曝光的诸家企业哀叹连连，朋友圈刷屏更加速了曝光。换位思考，若我的企业出现了重大经营危机，最需要什么？第一反应就是希望有专业人士大呼“我乃常山赵子龙也……”挽救企业于水火之中。但这样的人会出现吗？多半不会。中小企业只能靠现有的团队去应对危机、解决问题，在危机公关的处理上，自己人往往更知道如何应对。

熟读《三国演义》的朋友都知道，当年刘备在长坂坡遇到重大危机，面临企业失信倒闭、生死存亡的时候，正是有赵子龙、张飞、关羽、诸葛亮等不离不弃，与公司一起面对困难解决问题，才让企业将公关危机变成一个展现自我的平台，为刘氏集团做足了宣传，将危机变为商机。从而成为腾飞的转折点，为日后的三分天下奠定了基础。

我们不妨简单地回顾一下“长坂坡之战”。公元208年，曹操亲率大军南下，把刘备打得毫无还手之力，只能带着10万民众逃窜。曹纯带着精兵一路追杀，其间就连刘备的老婆孩子也被敌军围困。这个时候对于“刘氏集团”而言，可以说陷入深深的民心危机，老百姓对其信心降入谷底，稍有不慎，可能没被曹军打垮，就已经内部造反破裂了。这时候，“刘氏集团”迫切需要进行一次危机公关，挽救内部渐失的信心。刘备作为一名统帅，从三个宣传角度切入，概括起来即是“战士神勇”“有保护力”“突围有望”。

第一，“战士神勇”。在长坂坡一战中，张飞在长坂桥上大吼：“吾乃燕人张翼德也，谁敢与我决一死战！”曹军无一人敢前进，从而为刘家军赢得宝贵的逃亡时间。从公关角度来说，这种塑造英雄的方式非常及时到位，就好像美国大片一样，不断地塑造美国联邦调查局（FBI）或美国中央情报局（CIA）多么的神勇，目的是让人相信美国安全部门的强大。同样的道理，这种方式无疑会让老百姓更有安全感和荣誉感。

第二，“有保护力”。赵云单枪匹马，全然不惧曹操的虎狼之师，高呼“我乃常山赵子龙”，转身杀回曹营，救出了刘备的幼子刘禅。这是很有效的一次公关互动。老百姓很现实，他们关心的是你们到底是保护百姓，还是只顾自己逃亡。赵子龙用实际行动告诉大家，哪怕你被敌军围困了，他也有能力把你救出来。

第三，“突围有望”。关羽从水路率军突围，让大家看到了希望，只要能完成目标就能解决问题，于是众人合力上演了一出精彩的胜利大逃亡。在一场公关危机中，事件的发生一定证明企业犯了错误或者出现了严重问题，这个时候再多的道歉都只是一个态度，真正让大家能继续相信品牌的，一定是后面的解决方案。如无法解决，势必影响品牌公信力，甚至导致企业倒闭。“刘氏集团”最终找到从水路突围的方向，让大家有了活下来的希望，于是才能将一场生死危机转变为“刘氏集团”将帅表演的舞台。

这一点在现代战争中也有所体现，如“二战”中著名的敦刻尔克大撤退，丘吉尔在极其不利的条件下做了精彩的演说，振奋了英国国内的民心和斗志。

丘吉尔说：“我们将在法国作战，我们将在海洋中作战，我们将以越来越大的信心和越来越强的力量在空中作战，我们将不惜一切代价保卫本土，我们将在海滩作战，我们将在敌人的登陆点作战，我们将在田野和街头作战，我们将在山区作战。我们绝不投降……”

这些案例都是危机公关的经典教材。简而言之，要给团队以信心，给团队以决心，给团队以恒心。

回过头来，我们分析一下刘备在这次危机公关战中的几个关键环节。

环节一：舆情监控，速度第一。

战场上情势瞬息万变，必须第一时间发现苗头并迅速解决。如长坂坡之战真正的缘起，是公元208年8月，刘表病逝，次子刘琮即位后不战而降却不敢将此事告知刘备，等刘备知道时，曹操大军已兵临城下。由此可见，舆情监控非常重要。

舆情管理系统好比企业的情报部门。比如，现在我创立的DMLei（数字镭）平台就有相应的舆情管理系统，该系统会帮助企业建立自己的关键词库，当网上发现与之相应关键词的负面信息时就会自动提醒，同时还可以对竞争对手的舆情进行监控，以便更好地了解市场的动向。

舆情是当今信息时代给企业提出的一个新课题。古时候，信息相对闭塞，情报是否能够抵达往往决定着事业的成败；而在今天，信息渠道更加通畅，公众可通过多种途径获取信息。在信息爆炸的环境下，企业面临的是一连串密集的信号，当人们被动接受这些信号时，潜意识有时会起决定性作用。负面舆情有时候会像暴雨般突如其来，对于没有大数据“未雨绸缪”的企业而言，一场大雨过后，可能将惨遭行业淘汰。

环节二：真诚沟通，负责到底。

历史和商业有着相当的共性，最残酷的就是一声不响地大面积淘汰。能在恶劣的环境下存活下来的，往往会成为最终的赢家。

在曹操兵临城下，外在信号告诉刘备可能大势已去时，他作出的抉择关系生死存亡。在长坂坡，刘备没有放弃百姓，同时有十几万人愿意舍弃家园跟随刘备，这说明“刘氏集团”在营销上是有品牌效应的。刘备的用户基础，是他未来成功的基石。

当企业出现问题的时候，率先要传达的信号就是对老客户的不离不弃，让他们有安全感、归属感，是非常重要的。当时诸葛亮劝刘备舍弃十几万民众，抛掉包袱率军奔逃，另寻地方东山再起。但刘备说：“夫济大事必以人为本，今人归吾，吾何忍弃去!”刘备传达的这种仁爱精神，对老客户始终不抛弃不放弃的主张，是刘备比诸葛亮高明的地方。如果说诸葛亮是军事鬼才的话，那么刘备就是营销天才。他深知品牌的核心是什么——“民心所向”。刘备的抉择是要对“民心”，即品牌价值负责。

举一个我的前合伙人李先生的例子。2014 年，李先生的某币网发生过一次比特币杠杆连环爆仓事件，比特币价格一度从 5000 多元跌到了 1 元，致使所有借贷用户账户全部亏损，成为比特币圈里的一次恶性事件，一时间微博骂声一片。当时他马上做出反应，宣布所有用户损失由该网承担，补偿金额近千万元。通过这一举措，其企业品牌就树立起来了，老用户拿到补偿后增加了对企业的信任，愿意继续使用甚至介绍朋友使用该网的产品。而竞争对手（包括我的创业公司）的客户得知后，觉得某币网更靠谱，便纷纷转到该网交易。**危机公关做**

得好，往往会比正面公关更有力量。

环节三：相信团队，信心十足。

在逃避一种危险时，不要忽视另一种危险。在进行危机管理时必须系统运作，绝不可顾此失彼，所以在做危机公关的时候一定要团队配合、明确分工、充分信任。大多企业危机的本质是信用危机，这个时候就需要第一时间对外界传递企业态度，增强市场信心。刘备在败逃的时候，当时有人对他说赵云已经投降曹操，刘备就挥短戟打传谣之人，说："子龙不弃我也。"

从创业者的角度来看，当时不管信不信赵云降曹，都要像刘备一样表态。当企业出现危机的时候，外界等着看笑话，这个时候一定要第一时间表明企业的态度，让所有人都觉得企业领导人有信心，企业内部方向一致，绝对不能有内斗内乱的情况。退一步讲，即使赵云真降了，也可以哭着对所有人说"我乃一片真心待子龙"，品牌仍有退路。

换一种思路，在危难中，假如刘备稍稍表现出对下属的不满，那么结果就可想而知了。因为，面对危难时管理者与下属的纽带不再是利益共同体，而是信任与忠诚。如果信任丢了，下属也会背弃上级，企业随即会发生一系列灾难性的连锁反应。今天看《三国演义》，刘备在面临一连串"坏消息"打击时，做出了快速敏捷的正确反应，对营销人而言简直就是"教科书式"的范例。

环节四：信任专业人员，充分放权。

危难见真情，企业危机时一定要对骨干人员百分百信任。这种信任，光做表面文章不行，还要充分放权。在长坂坡一战中，刘备派关羽带水军先走，派张飞断后，指挥权放给诸葛亮，每一步都对骨干人员报以绝对的信心，而且每一个环节都非常困难和重要。相应的骨干人员也更有使命感和责任感，真正融入企业中。

这里需要注意的是，创始人一定要摆正态度，承认在具体的执行上不如骨干人员，切忌对骨干人员指指点点，要做到能帮忙就帮，不能帮就不添乱，充分信任他们的判断。

历史上的反例当属崇祯皇帝，他虽然勤政治国，但生性多疑，历史上有“崇祯五十相”的讥讽，讽刺他在位 17 年换了 50 名内阁辅臣，其中刑部尚书就换了 17 个人，年年更换。他既忌惮自己的臣下结党，又对边关将领疑心重重。他派出宦官充任监军，四处监视自己的臣属，最有名的是处死守将袁崇焕。如果说，明朝四面楚歌有其历史的客观因素，那么崇祯的多疑、猜忌、武断无疑加速了明朝的覆灭。

环节五：结果导向，有人承担责任。

所有危机公关都需要有个最终结果，不管什么原因造成的，都需要给公众一个合理的解释。比如，刘备当时就有两个主要来承担责任的人：即位后就不战而降的刘琮及因母亲被抓而转投曹操的徐庶。对企业来说，不管什么原因出的问题，企业本身或者就是创始人本身肯定有责任。

危机公关的本质就是想办法把损失降到最低，不应让企业核心人员出来“背锅”。而应权衡各方面因素后得出一个各方都能接受的结果，找到一个大家都能信服的理由，转移风险和注意力。

根据企业所处阶段的不同、事件不同，最后，危机公关没有绝对的标准，以上只是针对“长坂坡”这一特定事件进行分析，在真正处理危机时，还需具体问题具体分析。危机公关作为一项长期和持续的工作，更多的在于预防机制的建立，将预防作为日常工作，包括管控内部，减少品牌失误，不断传播正能量的价值观，建立良好外部沟通机制，与媒体、政府、社会机构等第三方体系保持良好沟通。最后才是危机处理。要知道，只要出现危机，能做的就只能是品牌止损。

案例

海底捞勾兑门事件

事件回顾

2011 年 8 月 22 日，《城市信报》报道《记者卧底“海底捞”·揭秘》，讲述该报记者进入青岛奥帆中心心海广场内的海底捞火锅店“卧底”打工，发现海底捞骨头汤和饮料均为勾兑，培训师嘱咐员工“一定不能这么和客人说”。此外，海底捞使用的筷子未放进消毒柜，切好的肉被指没有称重，而是直接放到冷藏柜里。

直指骨汤勾兑、产品不称重、偷吃等问题，引起社会轩然大波，海底捞服务神话破灭。

2011 年 8 月 22 日 15:02，海底捞官网及官方微博发出《关于媒体报道事件的说明》，声明语气诚恳，承认勾兑事实及其他存在的问题，感谢媒体监督，并对勾兑问题进行客观澄清。此微博被转发 1809 次，评论 690 条，用户基本接受海底捞的态度。

原文如下：

关于媒体报道事件的说明

近日媒体报道的《记者卧底打工海底捞骨头汤和饮料是兑的》一文中，反映了海底捞火锅店存在的一些问题，我们真诚感谢媒体对我们的关注和监督，诚恳接受各界通过各种渠道和方式对我们的监督和检查。

我公司目前经营的门店近 60 家，基层服务人员一万余名，媒体报道中反映的一些问题确实可能在部分门店客观存在，我们感谢媒体的报道为我们指出了问题、敲响了警钟。我们会根据媒体反映的情况，全面进行整改，加强对员工的培训，提高各项操作的规范性。同时，我公司就顾客关心的食品安全问题特别说明如下：

（1）海底捞的白味汤锅、柠檬水及酸梅汤均由合格资质证明的正规厂家给我们提供原材料，按照国家食品安全法的要求进行索证、索票，操作均符合国家相关法律、法规，各个门店按照总公司标准统一规定的配比和比例进行配制。

（2）我公司按照国家添加剂公示的要求进行了公示及备案。

作为一个火锅连锁企业，海底捞秉承诚信经营的理念，以提升食品质量的稳定性和安全性为前提条件，提供安全、健康的菜品。我们热情邀请和欢迎社会各界朋友参观我们的物流基地和门店后厨，对我们的各项工作进行监督和检查，帮助我们将海底捞做得更好！

四川海底捞餐饮股份有限公司

2011年8月22日

2011年8月22日16:18，海底捞官网及官方微博发出《海底捞关于食品添加剂公示备案情况的通报》，笔锋更加诚恳，“多年厚爱，诚惶诚恐”等词语均被使用。

原文如下：

海底捞关于食品添加剂公示备案情况的通报

国家食品药品监督管理总局于2011年4月27日发布食〔2011〕188号文件《关于开展严厉打击食品非法添

加和滥用食品添加剂专项工作的紧急通知》后，海底捞在5月12日前根据第三条要求“自制火锅底料、自制饮料、自制调味料的餐饮服务单位，应当在店堂醒目位置或菜单上向消费者公示使用的食品添加剂和向当地餐饮服务食品安全监管部门备案”，在海底捞旗下所有门店进行了食品添加剂的公示，并于5月31日前在各地职能部门按照规定完成了食品添加剂的备案工作。北京、西安、南京等各地媒体对海底捞食品添加剂的公示情况进行了报道。

海底捞只是一个普通的连锁火锅店，多年来承蒙顾客和各界朋友的厚爱，诚惶诚恐，丝毫不敢懈怠。但因能力有限，还是或多或少存在一些问题。我们真诚的感谢社会各界的关注和监督，渴望大家通过各种方式帮我们指出问题，帮助我们成长。多年来，我们每个周末都邀请老顾客或餐饮业专家到我们的物流基地、门店后厨参观指导。现在，我们随时欢迎大家的参观指导，大家可以直接联系海底捞总部统一安排。

联系方式：×××××××

四川海底捞餐饮股份有限公司

2011年8月22日

2011年8月23日12:00，海底捞官网及官方微博发出《海底捞就顾客和媒体等各界关心问题的说明》就勾兑问题及员工采访问题进行重点解释。2011年8月23日20:00，海底捞掌门人张勇的一篇微博原文如下：

菜品不称重、偷吃等根源在流程落实不到位，我还要难过地告诉大家我从未真正杜绝这些现象。责任在管理不在青岛店，我不会因此次危机发生后追查责任，我已派心理辅导师到青岛以防该店员工压力太大。对饮料和白味汤底的合法性我给予充分保证，虽不敢承诺每一个单元的农产品都先检验再上桌，但责任一定该我承担。

此篇微博瞬间转发近4000次，评论1500条，在如今遇事自保、互相推诿、丢车保帅的职场中，张勇敢担当，人情味十足。张勇的人格魅力化解掉此次事件80%的危机，随后，海底捞邀请媒体记者全程记录骨汤勾兑过程，视频、照片瞬间布满网络，事件就此暂时画上圆满句号。

要点分析

海底捞此次公关事件处理无疑是非常成功的，整体来说都非常切合公关要点。

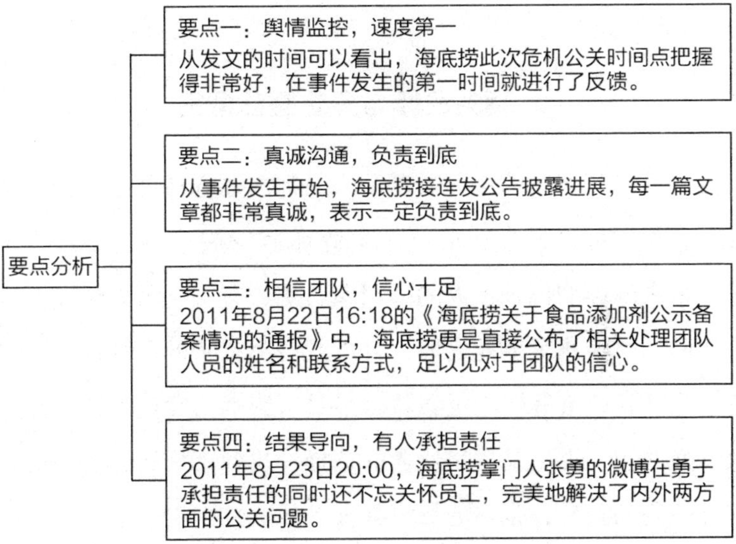
要点分析
要点一：舆情监控，速度第一
从发文的时间可以看出，海底捞此次危机公关时间点把握得非常好，在事件发生的第一时间就进行了反馈。
要点二：真诚沟通，负责到底
从事件发生开始，海底捞接连发公告披露进展，每一篇文章都非常真诚，表示一定负责到底。
要点三：相信团队，信心十足
2011年8月22日16:18的《海底捞关于食品添加剂公示备案情况的通报》中，海底捞更是直接公布了相关处理团队人员的姓名和联系方式，足以见对于团队的信心。
要点四：结果导向，有人承担责任
2011年8月23日20:00，海底捞掌门人张勇的微博在勇于承担责任的同时还不忘关怀员工，完美地解决了内外两方面的公关问题。

图 4-1　事件要点分析

商务合作与资源整合营销

无论是什么样的企业或者个人，都需要选择合作伙伴。选好了合作方可以事半功倍，让企业加速发展；不过要是没选好，带来的影响也是很大的。回顾历史，有不少名人通过商务合作的方式加速了事业发展，其中既有鬼谷子的合纵连横，也有汉唐和亲政策等，不过我认为最具有影响力和代表性的是张骞出使西域。无论是战略伙伴的选择、目标市场的分析，还是商务谈判的技巧，张骞的故事都极具代表性。

汉朝日趋强盛后，计划主动出击，一举消除匈奴对中原的威胁。汉武帝听到有关大月氏的传言，便想与大月氏建立同盟，同时考虑到西行的必经道路——河西走廊还处在匈奴的控制之下，于是公开征募能担当出使重任的人才。公元前 138 年，张骞“以郎应募，使月氏”。换言之，就好比“刘老板”要联合远方的一家公司完成对邻居的并购，招了张骞这个职业经理人。那么，我们来看看他具体是怎么做的。

一、思想开放大胆

史书记载，张骞“为人强力，宽大信人”，即具有坚韧不拔、心胸开阔，并能以信义待人的优良品质。诚信在商务合作中至关重要，开放的思想和胆量也不可或缺，谈判中如果前怕狼后怕虎，是无法成事的。这样做不仅使自己陷入被动，而且也会使谈判的进展被拖延。而最严重的是，合作伙伴也会因此没有信心，造成合作无法全面开展。因此，决策者和执行者的配合至关重要。张骞作为执行者，需要具有坚决的态度和果断的判断能力。

二、明确合作方向

汉武帝作为决策者，要做的是明确方向。跟匈奴打仗就要找到好帮手，要有前后夹击匈奴的实力。方向明确后，就要寻求“痛点”，汉武帝听说北边的大月氏跟匈奴也不和，那么合作方向就非常明确了。志同更要道合，合作就变得简单了，协同作战，共享市场。方向清晰后，指导思想也就很快得到了明确，回答下面三个问题后，张骞出塞的战略意义就明朗了。

第一，与谁合作？竞争对手的对手要做朋友。比如，行业第二和第三在对待行业老大的方向上肯定是统一的，一起做活动冲击老大或配合另一家造势等。但切记，互联网行业的“马太效应”非常明显，互联网商战中经常发生两者竞争，结果第三方遭殃的事件。如果你不是行业老大，就一定要在战略上发挥自己的比较优势，否则你的市场将越来越少。

第二，能否合作？合作伙伴最好实力相当。切记不要与实力悬殊的企业合作，实力相对较强的企业要么不意愿与你合作，要么提出的合作条件比较苛刻（除非有特殊原因）；实力相对较弱的企业不仅不能助你一臂之力，反而会耗费你更多的精力和时间。

第三，怎么合作？即业务一定要对口。如果做 to C，就针对同一类用户；如果做 to B，则针对同一个部门，否则会事倍功半。比如，就 to C 的企业而言，一个社交企业与一个家装企业合作就难，客户重合度低；但如果这家社交企业与餐饮企业合作，效果就会好很多。因为客户群相对重合。

三、不忘最初目标

我们在找合作伙伴的时候都会遇到各种各样的问题，在这个过程中会不断地面临妥协、沟通，甚至会因不可预知的原因改变方向，最终验收的时候总是会觉得和预期有点差别。比如，张骞就一直不忘最初的目标，他第一次出使西域的时候被擒后被迫在匈奴娶妻生子，十多年后依然继续完成他为“老板”找合作伙伴的任务。这是一种让人钦佩的决心和坚持。

找合作伙伴一定要保持初心，始终记得合作目的，且不能“丢了西瓜捡芝麻”。比如，在经费有限的前提下希望增加用户量，就要找准合作伙伴在短期内实现目标，而不应在宣传品牌等事项上耗费时间和资金。张骞确定了合作伙伴是大月氏后，就像领到了“任务卡”，即便对其威逼利诱也改变不了他的初衷。他手持“符节”的形象，更是成了中华民族“气节”的标志。

四、及时调整策略

当然只是目标明确还不行，还要根据形势变化及时调整策略。张骞历尽千辛万苦到了大月氏，但是大月氏到了阿姆河，不仅用武力征服了大夏，而且逐渐由游牧生活改为农业定居，无意东还。张骞待了一年多，明白合作无望，于是及时调整策略，马上撤。回国休养好后，张骞根据之前市场调研的情况分析后，马上开始第二次出使，寻找合作伙伴。他通过新的策略（送牛羊万头、价值“数千万”的金帛货物，游说乌孙王东返，分遣副使到大宛、康居、月氏、大夏等国），最终乌孙派使者几十人随同张骞一起到了长安，然后通过和亲的方式加深关系，随后用55年时间（公元前115年到公元前60年）搞定了匈奴。

五、充分考虑对方利益

打个比方，合作就像是两个人面对面站着，看谁先走第一步，张骞就是先走出那一步的人。比较典型的事件就是张骞第一次出使西域时从匈奴逃亡路过大宛国，他向大宛国王说明了自己出使月氏的使命和沿途的种种遭遇，希望大宛王能派人相送，并表示今后如能返回定会重重酬谢。而大宛王本来早想与汉朝通使往来，但苦于匈奴的中梗阻碍，于是一拍即合。

我认为，合作就应该一拍即合，意向明确后其他的都是小问题，可以慢慢协商解决。例如，在北京，不少商务人士都考虑过一个问题：我在中关村、他在国贸，见不见？在哪儿见？他来还是我去？网上能不能解决？其实这些真的都是小问题，只需把上述五点想明白：如果是重要的合作伙伴且满足上述条件，就是坐飞机也要去见。

商务合作在互联网行业已经有了专门的职位BD，一般归属市场部，是市场工作中非常重要的职位。商务合作讲究的是资源互补与对等，所以在物色合作渠道和伙伴时，就要考虑对方的需求以及社会市场背景。如果我们的需求与对方的关注点存在差异，就会造成双方沟通上的不畅，这就会使合作结果与付出产生巨大差异，双方合作的默契程度也会降低。

案例

雷士独辟蹊径的隐形渠道整合

雷士照明是中国照明行业的龙头企业，也是家居建材行业关注率最高的代表。在外界眼中和大众消费者心目中，雷士是一家专业的照明企业。

可是在行业内，雷士照明有一个专有名词：商业照明的开拓者和领军品牌。其实雷士照明与欧普照明一样，最初都是以灯具起家，不同的是，雷士生产筒射灯，欧普则生产吸顶灯，而照明行业最为核心的光源，则由浙江阳光照明和佛山照明等老牌企业生产。雷士创立于20世纪90年代，到2004年的销售额也不过刚过亿元。但短短几年时间，雷士接连突破10亿元、30亿元，并一下子从行业品牌跨向大众品牌，这里就不得不提雷士的公关战略。

雷士最早提出商业照明的概念，由此可见雷士品牌专注于商业照明领域。而商业照明领域从产品运用角度而言，主要为筒射灯，用户为大量的店铺、商场，后延伸至办公、酒店、学校和企业事业单位。这些用户是照明产品的需求大户，它们都有一个重要特点，即在这些场所的装修设计之初，就已经设计好了光照环境和产品形态，甚至包括采用的意向品牌，所以照明产品的运用在很大程度上取决于设计师，特别是建筑设计师和装修设计师的理念和眼光。

也正因如此，雷士照明着力于装修设计，特别是工装公司这一采购渠道的商务公关，广泛参与和赞助设计师活动。此外，还在各地运营中心设立了专门的设计师俱乐部以及工程部门，核心就是围绕这些设计师进行公关。就在各大品牌还在着力于全国经销商渠道建设的时候，雷士就已经介入了掌握最庞大消费市场的设计师渠道，成为行业先锋。所以，当业内其他品牌也开始关注和重视这一渠道的时候，在这一领域的知名建筑、装修公司，包括设计师，他们所熟知和认识的品牌，以及向甲方推荐的品牌，都是雷士。

尝到了甜头的雷士照明，后来又展开全方位的商务公关合作，一方面，在家居建材行业积极参与异业联盟，作为家居建材行业冠军联盟的发起者，与东鹏陶瓷、苹果家具、欧派橱柜等家居建材品牌站在一起，展开了声势浩大的全国性促销活动，而这些异业品牌成千上万的专卖店，也在大量采用雷士照明产品；另一方面，又主攻各大房地产公司，成为房产楼盘照明的指定供应商。

这一系列的商务公关活动为雷士照明积累了大量的销售资源，特别是最核心的客户资源。现在家居建材行业都在沿用这些商务套路，但当时的先天优势却已经不复存在，在这一领域的竞争也非常残酷，设计师、家装公司，包括甲方的建筑公司，对于后进入者提出了日益苛刻的要求，商务公关成本急剧攀升。

商务活动与营销的品牌仪式感

一个品牌背后是一个个企业故事，故事的完美就需要商务活动来体现，这也是一个品牌的“加冕”仪式。

公元前219年，秦始皇率领文武大臣及儒生博士70余人，到泰山举行封禅大典。那时候，始皇帝已经统一六国，建立了中国历史上第一个封建制王朝。始皇帝威名远播，秦朝的品牌实力、形象以及市场份额达到了最顶峰。

但这并不能掩盖统一后面临的一系列问题，特别是秦王朝在六国民众心目中的合理、合法性，六国复辟势力暗潮涌动。加上秦始皇推行了一系列开天辟地的大变革：首先，全国实行郡县制，废除诸侯割据建制，严重损害了原有诸侯的管辖权限，这些人也就成为一股反对力量；其次，车同轨，书同文，统一文字，统一度量衡，加强国家中央意识形态和中央集权，尤其是焚书坑儒让始皇帝站在了知识分子的对立面上；最后，一系列加强全国管控力度的基建项目也在全国展开，开设直道直通边境大草原以应对游牧民族，修建灵渠，让化外之地的岭南成为中华民族的一部分。这一系列举措，给秦朝和始皇帝带来的是一系列政治、军事、经济、文化的危机。

为此，始皇帝在泰山举行封禅大典，就是一场盛大的秦王朝商务公关活动。

据典籍记载，自炎帝以来有七十二王封禅泰山，但每一王封禅并不是随便举行，因为这种典礼是远古时代活动在泰山周围的部落或氏族自然崇拜的原始祭天仪式，是帝王代表天下向苍天祷告、祈求，是帝王用丰功伟绩来证明自己，以求获得天下和上天的认可和支持。毫不客气地说，是帝王向天下人炫耀、向苍天示威、展现个人和帝王实力的重要表现形式。

春秋时代，“九合诸侯，一匡天下”的齐桓公欲行封禅之礼，被名相管仲以祥瑞不现，即天帝不承认而阻止；鲁之季孙氏亦有泰山之旅，结果被孔子所讥，理由是资格不够。可以说，此时的封禅泰山已成为齐鲁士人心目中一统天下的帝王所行的国家大典。也就是说，代周而帝的统治者必须到泰山举行封禅大典，方可得到天帝的认可，成为天下新的君主。

同理，对企业商务活动而言，我认为应该集中在以下几方面进行。

首先，商务活动要有明确目的。对于众多商务活动而言，首要的是展示信心和决心。

秦国的祖先不同于其他诸侯国，而是直到秦襄公七年（公元前771年），始因护送周平王东迁有功而被封侯。至秦穆公“益国十二，开地千里，遂霸西戎”。但直到孝公时代，“秦僻在雍州，不与中国诸侯会盟，夷翟遇之”。孝公认为“诸侯卑秦，丑莫大焉”，遂下决心变法图强。武王曾说，“寡人欲容车通三川，窥周室，死不恨矣”。这种被东方诸侯国鄙视的遭遇深深埋藏于历代秦国统治者的心里，成为他们励精图治、蚕食诸侯，最终兼并天下的动力，也使拥有天下后发泄私愤、炫耀功绩成为必然选择。因此，秦始皇得天下后，一方面企图毁灭所有鄙视自己的痕迹。“秦既得意，烧天下诗书，诸侯史记尤甚，为其有所刺讥也”，发泄多年来沉积在胸中被诸侯鄙视的窝囊之气，也开了后代统治者消除异己文字之先例。另一方面厚积薄发，以十倍的热情注重形式上的炫耀，否则，无以称成功、传万世。

用现在的商务公关活动来解释，在秦王朝遭遇多重危机时候，信心是第一要素。所以这一重大商务活动，也就具有强烈的品牌象征意义，这是在向天下人宣告“普天之下，莫非王土；率土之滨，莫非王臣”。

其次，商务活动应该着眼于活动形式。从某种程度上讲，形式大于实际的意义。

对于一些企业而言，每年都有几次大型活动。以家居建材行业企业为例，每年都会召开年会、经销商大会、新品发布会等。很多企业比较重视经销商大会、新品发布会和展会，因为这以销售和回款为目的，但往往忽视年会，年会甚至沦为了企业内部娱乐大会。显然，很多商务活动对于企业负责人而言，重要的是回款，其他都是次要的。

关于秦始皇封禅泰山的过程，《史记·封禅书》有较为详细的记载。秦始皇即帝位的第三年，就率文武大臣开始了千里东封泰山。秦始皇一行先到峄山（今山东邹城市境内），在山上立石铭记秦之功业。向齐鲁士人明确展示秦朝的千古功勋，表示自己在功业上已具备封禅资格，不至于重蹈齐桓季孙之覆辙。

在泰山封禅的时候，始皇帝召集齐鲁儒生博士 70 多人，商议封禅大典的具体仪式。有的博士告诉秦始皇，要用蒲草将车轮子包起来，以免损伤山上的一草一木。然后扫地而祭，用其简易。这显然只是上古时代祭祀山神或祭天仪式的缩影，与秦始皇利用封禅展示其“席卷天下，包举宇内”的期望值相差很远。结果只能是秦始皇贬退诸儒士而不用，自带文武大臣上泰山封禅。

秦始皇的封禅大典分两步进行：首先辟山修路，从泰山之阳登上山顶，“立石颂秦始皇帝德，明其得封也”，是为封礼。其次从泰山之顶下山，“禅于梁父，其礼颇采太祝之祀雍天帝所用，而封藏皆秘之，世不得而记也”，是为禅礼。

从始皇帝斥退博士及其所作所为可以看出，始皇帝绝不是讲究繁文缛节的帝王，而是一个杀伐果断的统治者。但显然，始皇帝一系列泰山封禅，形式和内容比博士们的建议复杂而投入得多。所以，大到一个国家，小到一个企业的商务活动，庆典、仪式将直接决定着人们对品牌的最直观印象，活动中的各种流程、内容、仪式以及嘉宾座位都非常重要，否则就贻笑大方。

最后，活动不仅在于内，更在于外。需要将活动传播至受众，让人们认可与接受。

从目的来看，始皇帝泰山封禅活动可谓惊天动地，也展示了秦王朝一统天下的伟大成绩，但可惜的是舆论并没有掌控在始皇帝手里。秦始皇斥退儒生后，将儒家这一最大的舆论传播阵地推向了对立面，不仅使秦始皇封禅泰山受到了儒生们的冷嘲热讽，而且连秦王朝的功德也遭到彻底否定。

《史记·封禅书》分两处详细地记载了儒生们对秦始皇封禅泰山的态度。其一是封禅发生的当年，“始皇之上泰山，中途遇暴风雨，休于大树下。诸儒生既绌，不得用于封事之礼，闻始皇遇风雨，则讥之”。其二是秦朝灭亡之后，“始皇封禅之后十二岁，秦亡，诸儒生疾秦焚诗书，诛僇文字，百姓怨其法，天下畔之，皆伪曰：‘始皇上泰山，为暴风雨所击，不得封禅。’”

儒生们对秦始皇封禅的态度经历了一个发展过程。秦始皇刚下山时，被废而不用的儒生们听说其遇到风雨则幸灾乐祸，进行冷嘲热讽，但又说不出正当的理由。毕竟秦始皇是以天下之王的资格举行大典，与当年孔子讥笑季孙氏泰山之旅无法同日而语。

可以说，这次泰山大典商务活动，因为最后没能把握住舆论，后续负面影响可谓持续了几千年，这也许是最为失败的商务活动典型。

品牌营销仪式的建立，需要讲究天时、地利、人和。所以企业品牌营销活动可以选择在行业重大展会、企业周年庆、年终年底总结、大型经销商会议上进行，这样可以有效开展品牌的重大营销活动。

案例

企业开年红包的仪式感

中国人过年，在传统文化领域其实有很多讲究。在我家乡的农村，过年时气氛最好的其实并不是守岁，而是“封门”鞭炮和“开门”鞭炮的燃放。

封门鞭炮，其实就是除夕夜（旧年的最后一天）当晚12点前燃放鞭炮后，家里门就不再开启，意味着和旧年做个了结。家里老一辈人说，旧时穷，要债的多，但只要这户人家放了封门炮，讨债者就无论如何也不能上门。

开门炮响也就意味着新的一年开始。但在我们村里，有一个要求，就是整个村里的开门炮必须在村里祠堂燃放后，每家每户才能跟着燃放，否则就是坏了规矩。

这简单的“封门”和“开门”，蕴含着中国人有始有终的为人处世理念。做企业也是如此，企业做品牌也需要商务仪式来衬托，以提升品牌文化力和市场张力。

其实每年开年后，在广东都有一道风景，就是抢利是（红包），BAT中的腾讯因处于广东深圳，也深受这一文化影响，多年的习惯现在却成为腾讯的一个“商务仪式”。“恭喜发财，利是拿来!”在粤港一带开工日这天，企业Boss要按照风俗给员工发红包，也就是“开门利是”。开工排队领红包、组队刷马化腾，已经成为腾讯公司的“开工文化”。

每年到了开工这一天，深圳腾讯数千名员工排长龙领开工利是的视频、照片不断在手机里刷屏，密密麻麻的排队场面让人异常震撼。各大媒体也是从不同角度进行关注，这也成为腾讯开年后的第一大商务公关活动。

按照历年习惯，马化腾及腾讯高管都会亲自给员工派发利是。虽然有了微信红包，但腾讯在深圳总部给员工发放的还是以传统现金红包为主，当然腾讯员工也会收到微信红包和QQ红包。其实利是里面的红包金额未必很多，广东地区企业开工一般是10元、20元，而且每一个企业老板和高管都会准备一批红包。在开工当天，哪个企业老板的红包被抢得人多、最快被抢光，就意味着人旺、财旺、新年旺，这个时候老板发得顺心，员工抢得开心，开工也热热闹闹。

马化腾多年坚持发放利是，由于腾讯员工人数众多，所以就出现了堪比春运火车站排队抢票进站规模的“抢红包”壮观景象。腾讯员工也是蛮拼的，别人家员工开工时磨磨蹭蹭，而腾讯员工则是一大早，甚至连夜起早排队等候。据了解，为了讨个好彩头，最早排队的员工出现在凌晨3点多，到最高峰时期，现场会有上万名员工。发完红包后，腾讯还将举办品春茗（开工饭）、猜灯谜等活动，活动的形式和内容也极丰富。2018年，腾讯的员工排成了“旺”字，不光是楼下，就连马路边上也有排队的长龙，腾讯的开工仪式已经成为一道亮丽的风景线。

现在不仅是腾讯，开年也成为各大巨头和其他企业的重头戏：马化腾、雷军送红包，刘强东送手机，李彦宏、王健林开年讲话，恩威并施……大佬们开年为员工打鸡血的方式各有千秋，却都招招出奇，事半功倍。

小米公司开工第一天，小米总裁林斌在微博晒出开工红包，金色、红色各种红包齐聚，好不热闹。而最土豪的莫过于马云的阿里巴巴，采用抽奖的形式向全体员工发支付宝现金红包，最低2.8元，最高12888元。

春节回来的第一个工作日，万达所有高管齐刷刷地会聚在万达索菲特酒店7层，参加一个与众不同的大会，这是万达人每年开年做的第一件事。不管你多大岁数，不管你是讲的还是听的，全都站着，因为几百平方米的大会场你找不到一把椅子。

企业商务活动无处不在，而且形式多样，往往会成为企业品牌文化和理念的具体体现，经久坚持则成为企业的重要仪式和重要宣传活动。

媒体公关与品牌营销的“双刃剑”

中国的传统文化得到持续的传承，我们的“汉字”是世界上唯一演变至今而没有间断过的文字形式。随着汉字的不断发展和完善，我们越来越发现其博大精深。所以在中国做媒体和公关，对文字的理解能力要求非常高，一些引经据典如果看不懂则会贻笑大方，有时同样的文字被解读出多种意思甚至带来了不同影响。

作为一个媒体人，第一要素就是自身的文学素养，第二要素则是有一颗“八卦”的心。明朝东林书院有副知名的对联：风声雨声读书声，声声入耳；家事国事天下事，事事关心。这副对联如果从媒体的角度来看，则是一个非常贴切的行业标准。

古代，掌握舆论的是士大夫。后来在宋、元、明、清四个朝代中，舆论都掌握在所谓的“清流”（喻指德行高洁、负有名望的士大夫）嘴里和笔上。特别是明朝的东林党，更是将媒体、“清流”的作用发挥到极致，他们精通文字的运用，能第一时间获得消息，使得他们轻而易举地影响民意、影响帝王、口诛笔伐各种“奸邪”。

东林党都是各种士子、秀才、举人，包括进士及第的官员，上至首辅，下至落地士子。他们通过自己手中的笔和纸，自上而下形成了一套完整的舆论传播体系。从东林党的作为反观现在的媒体公关，我认为应该从以下方面着手：

一、舆论就是品牌市场指数，有舆论就需要公关，所以媒体公关无处不在

“声声入耳、事事关心”明确了东林党和媒体的存在价值——大小事的信息都有价值。很多企业认为，媒体公关是大企业、大品牌的事，自己的企业无须理会。但实际上，市场如同江湖，有人的地方自然就有利益和竞争。哪怕只是一个小镇的两个小卖部之间也存在着生意竞争，如果其中一家经常做宣传搞活动，势必生意比另一家的要好。

当你不关心媒体和公关时，一旦竞争对手关心了，二者的差距很快就会拉大。比如，数字镭在进行全国行业与区域互联网品牌舆情指数调查时发现，目前各大企业舆情口碑指数差强人意，问答、贴吧、论坛和互动社交平台上充斥着负面信息，然而企业自己却并不知道。企业关注的往往是自己对外发布的信息，然而这些信息却并不能引起人们兴趣，反而是各种第三方、媒体披露的信息，特别是负面舆情更让人们关注。

在自媒体时代，企业已经无法逃离舆论旋涡。甚至有企业反映，他们的网上舆情更多的是被竞争对手抹黑！媒体公关现在已成为商场中的一把“双刃剑”，如何运用这把剑，在征战商场的时候还能保护自己，这是一门艺术。

二、媒体公关重点在于把握“近之则不逊，远之则怨”尺度

现在许多学者在研究明朝灭亡史时普遍有一个观点：以东林党为代表的“清流”，成事不足败事有余。比较典型的是张居正进行改革时，在用人方面主张“用循吏不用清流”。循吏有丰富的工作经验，只要决策正确，他们就可以按部就班地做好上级交办的工作。但“清流”只善清谈，误国误事，擅长的是高谈阔论，但具体工作却很难胜任。

所以，做事必须依靠循吏。据《史记·循吏列传》记载，他们奉公尽职，按原则行事，多有很大的抱负和出众的才能，却能和大众打成一片；有高瞻远瞩的战略眼光，却不逞一时之气，如孙叔敖、张居正等。“清流”则标榜风节，不畏强御，遇事敢言，评议时政，指斥当道，不与权贵同流合污。深负清誉的士大夫，多不分场合，不能因时而动，逞一时之快意，最终多失败或落得可悲下场，如东汉李膺、陈蕃等一些诤臣。但在造势上，又往往离不开“清流”的助推。张居正在改革期间，为保证各项政策顺利推行，在全国捣毁书院，将各路读书人统一收归国家管理，进入国子监，以保证舆论掌握在国家手里。

对于企业而言，虽然我们无法通过行政权力来主导舆论，但在进行营销时，要保持和媒体的联系，把握住方向。对许多企业而言，最好的办法就是找到适合的媒体人或者合作机构来负责媒体公关事宜，从而了解和把握媒体舆情趋势，最终把握

好媒体宣传的“度”——不过分宣传，但也不能不宣传。

三、媒体公关需要顺势而为，做到自身正、掌握舆论大势

占领舆情制高点历史上有名的“奸佞魏忠贤”看到东林党这帮大臣做事不着调，如朝廷没有了收入，就开征商税、矿税、进出口关税等，这就捅了“马蜂窝”（东林党已经成为大地主、大商人的利益代言人，舆情大势已经不在魏忠贤手里）。于是，从朝堂到民间，一波又一波的舆情造势，一个被世人鄙视的阉臣被戴上了“蛊惑皇帝”“苛捐杂税”“陷害忠良”的大帽子，魏忠贤成了舆论大势的攻击点，显然也就处于极为不利的境地，最终遗臭万年。

企业的舆情公关不仅要从商业价值方面考量，更要从社会效益着手，从国家大势上保证舆论的“政治正确性”，进行顺势宣传。近几年，互联网+、跨境电商、新能源、大健康和人工智能都是舆情大势，这些便是全民认识的领域。比如，比亚迪汽车最早是一个国产低端车品牌，但当其最早顺应国家节能减排的号召，生产和推广新能源汽车后，这个品牌的影响力立刻就有了质的飞跃。由于比亚迪较早地抢占先机进入新领域，不仅拥有了时间优势，而且竞争对手也相对较少，同时辅以得当的宣传和营销，所以能很快占领市场。然后，成功地从一个相对低端的燃油汽车厂商转型成为一个相对高端的电动汽车厂商。尤其是比亚迪为电动车系列命名为唐、宋、秦、元四个系列后，更是点燃了中国老百姓的民族荣誉感，提升了国内市场

的品牌认可度，最终整体提高了比亚迪的品牌形象。

《国语·周语上》有言："防民之口，甚于防川，川壅而溃，伤人必多，民亦如之。是故为川者，决之使导；为民者，宣之使言。"对于企业的品牌而言也是一样，没有百分百好评的品牌和产品，关键是企业一定要第一时间知道用户不满意的问题是什么（舆情监测非常重要），然后再相应地整改解决。**解决舆论问题的时候，切记不要对抗，正如大禹治水"堵不如疏"一样，把握好相应的方向和度，顺应国家的大势，尊重用户的意愿，做好产品和宣传，往往都能事半功倍。**

案例

乌镇饭局之争

做大事，就需要借大势。

媒体公关是形成大势的必然因素。近年来，我们看到一场场大戏在媒体上演，如 2017 年京东与阿里的"猫""狗"大战，就是一场舆情公关争夺战。

事后，马云后来也回应了，"对不起大家，作为东道主也没请大家吃顿饭，大家就 enjoy yourselves（自便）吧！""我早上看到了，大家都在讨论一顿饭，哇。饭很重要，饭桌上讨论什么更重要。互联网大会应该像达沃斯，思想的火花像雪花一样覆盖。我们应该在这里碰撞，分享。对与错别人去评论，真诚分享。”“吃一顿饭，多大点儿事儿。阿里做饭局，不会亚于全世界任何一场饭局。”马云称，饭局本身没问题，业内聚聚，吃饭喝酒多好，但过度解读就不合适了。在他看来，江湖是讲义气、情义的地方，不应该是争斗的场所，应该是分享的场所。

从一个饭局开始，发酵成了一场舆论战。从马云的回应看，这次显然与阿里往次的媒体舆情公关极不相符。外人看来，马云的回应，就如村里两家有实力的人斗富，炫耀的是实力、财富，斗的是下里巴式的拌嘴。别人怎么评价我们不置可否，但从专业媒体公关角度看，我认为这也是一种公关宣传：首先看宣传费用，仅仅因为吃两顿饭的事情就引起了全国大多数人关注，这中间省了不少广告宣传费用；其次看最终结果，所有与此事件相关的企业都得到了更多的宣传。

回放这一事件。

第一步，缘起（媒体公关无处不在）。

第四届世界互联网大会于2017年12月3日上午开幕，12月5日在浙江乌镇落下帷幕，期间互联网界的大佬组织了两次饭局。第一次饭局由网易的丁磊组织，到场的有来自雅虎、百度、小米、联想、红杉资本、今日头条、58同城、京东、华为、新美大、搜狐、荣耀手机等企业的重量级人物。

第二次饭局由京东CEO刘强东与美团的王兴做东，到场的有来自腾讯、京东、美团、小米、联想、今日头条、58同城、滴滴、高瓴资本、金沙江创投、知乎、摩拜、京东金融、红杉资本、快手宿华等企业的16位重量级人物。

从到场名单可以看出，这就是互联网所有的“势”的聚合。每一个企业的产品都影响着许许多多的中国民众，自然而然也就能吸引到媒体的注意力。可以说这是一次“因势而起”，又“聚势而为”的大型媒体公关活动，百度更是为此建立了专门的“乌镇饭局”百科。

第二步，高潮（把握使用媒体的度）。

饭局照片被广泛传播后，很快就有媒体发现马云没有出现。马云被“孤立”了的舆论开始爆发，有媒体发出“马云挺住”的言论，并称乌镇没有“鸿门宴”，杭州不是“思过崖”，调侃马云的遭遇，饭局事件进入新的高潮。

不过，马云对饭局似乎并不在意。他说自己喜欢唱戏的、吹牛的，在达沃斯请客吃饭时，他请的都是各行各业的人，给他们变魔术，不谈工作，这种饭局乐意去。对于让他“挺住”的消息，马云大笑道：“多大点儿事儿，一顿饭局能打垮我，开玩笑。”

自始至终都是带着调侃的方式来回应，没有拒绝，也没有刻意反驳，自然而然，让人觉得舒服，从容处理此次舆论危机的同时也秀了一把“肌肉”。从中可以看出，马云在处理与媒体相处的度上做得非常好，不给其更深入的联想，也不完全抵制、拒绝，以恰到好处的方式回答了所有人，制止了事件向坏的方向发展。

第三步，收尾（顺势而为）。

现在百度搜索“乌镇饭局”，里面的文章已经不再是单纯关于饭局事件的报道，而是以乌镇饭局结束后，记者采访了谁，就哪些产品或者问题进行了探讨，等等。一条主线被扩展到许多的分支，从而产生相应的商业价值，使事件有回甘的同时又达到了不同的商业目的，最终事件慢慢收尾平息。

互联网时代，流量即王道，随着自媒体平台、短视频平台等各种新的媒体渠道的兴起，未来的媒体公关会更进一步聚焦，行业、地域、事件的关注点都会越来越小，传播速度会越来越快。

对所有的企业来说，运用好媒体公关与品牌营销的“双刃剑”，就是一次精细化运作和发展的机会。

第五章

小广告投入赢取大市场

5

“

中华民族是一个崇尚智慧的民族。小投入获得大产出就是企业家智慧的体现，大多以事件、借势、造势、整合四种方法为主，分为借力模式和主动模式，核心在于把有限的精力和资源集中放在某一个点上进行重点突破。

”

众里寻他千百度，蓦然回首，那人却在，灯火阑珊处。

辛弃疾，《青玉案·元夕》

事件营销背后的品牌爆炸点

作为创业者，时间显得尤为宝贵，感觉每天都在“抢险”，每天都希望企业能憋出个“大招”，弄个“大事件”出来，获得大量好评和用户。历史上谁憋出来的招最大呢？我想到了汉太祖刘邦，因为他的事件营销“斩白蛇”扩军起义可以说直接影响了中国历史。

刘邦斩白蛇前没钱没资源，一直到44岁还只是泗水亭长。那一年刘邦奉命押送一批刑徒从沛县前往骊山修筑始皇陵，但出发不久就遇到暴雨，自知即便到了骊山也有去无回的刑徒们开始纷纷逃跑。刘邦发现后很恐慌，他估计到不了骊山刑徒们就跑光了，自己肯定也要完蛋。与其等死，还不如一不做二不休，反了！既然决定了要干票大的，我们不妨看看刘邦是怎么做的。

一、找利益共同体，确定合作伙伴

《史记》记载，刘邦为了成全大家，将刑徒们全部放走，仔细想想他这明显是计划好的。从管理上来说，让这么一个人押送百名囚徒，要真有这么多人，他不放迟早就得被那些囚徒弄死。有人跑了，其实剩下的人都明白全都得死，聪明点的知道必须跟着刘邦，要不然没组织的话很容易就被抓回去，保命生存是大家最迫切的需求，于是就形成了最紧密的利益共同体。

从营销上来说，就是要找到与你的策划案紧密相关的合作伙伴，让他们知道必须得把这事干漂亮了，做好了挣大钱，做不好丢脸甚至会亏损。我们在做商务拓展（Business Development，BD）的时候，只要是能搭得上边的公司就都想合作，其实还是要衡量哪家的业务与自己的业务真正互补。举个 to B 公司的例子，数字镭对接市场部、快法务对接行政部、分享销客对接销售部，三家不同的公司服务于同一家公司的不同部门，那么做的策划方案就无法融合。如果反过来，数字镭与广告制作公司、CRM 系统公司、网站制作公司合作呢？大家都是服务同一个部门甚至是同一个人，那么这几家公司就可以变成利益共同体，如一起发代金券、相互介绍新业务等。关键是当其中某家公司要做个大活动的时候，另外几家也就愿意出钱出力了。

这就像刘邦的选择一样。数字镭在定位上首先要确定的是"哪些人是利益共同体"，对于中小企业而言，传播难是一个共性问题，关系到企业的生死。所以，DMLei 要做的第一件事就是找到这些面临困境的中小企业。而广告公司、CRM 系统公司、网站制作公司聚集了这些有共同需求的客户。寻求合作伙伴，实际上就像刘邦做的那样，是一个梳理矛盾与利益出发点的过程。

二、抓住舆论热点，树立英雄形象

在封建社会想搞个"大事件"，舆论最关注、最信奉、最敬畏的莫过于怪力乱神了。自刘邦开始，几乎历朝历代农民起义就没离开过鬼神说。刘邦的策划高明之处在于，他不光说自己是赤帝的儿子，还敢打妖怪，可谓举高打低的典范。“斩白蛇”整个策划案的精髓：首先白蛇挡道吃人是个反派；其次蛇如大梁，是个凶神恶煞。《史记》记载当时刘邦喝醉后，见蛇斩之，简单点就是杀了条稍微大点的蛇。但一包装，这个故事就不一样了。有个老奶奶出来说：“我儿是白帝之子，变化成蛇，挡在道路中间，如今被赤帝之子杀了。”说完就不见了。这故事我们现在看来简单，但对于当时的策划水平来说实在是高明至极，一句话就把刘邦出身高贵、能力非凡讲明白了。

从此可看出，事件策划一定要切入舆论热点，弄清楚当下客户最关注什么，如当下的“互联网+”“大众创业、万众创新”，最好有权威人士或机构背书，广告词要精练地体现主旨。现在舆论的关键点当属热点人物的生活了。大家喜欢看到成功人士生活的一面，然后拉近与自己的距离，从而找到他们与自己一样的满足感。华为在荣耀 7 发布前的朋友圈刷屏：“任正非半夜排队等出租”，就是拉近了与目标用户的距离。华为工作非常辛苦，半夜还在奔波，并且非常节俭地打出租车，无形中引起一批生活状态相似的用户的共鸣，同时将这种文化形态深深地定格在我们脑海里。

李普曼曾经说过：“公众舆论不是上帝的声音，不是社会的声音，而是旁观者的声音。”可以看出，荣耀 7 发布前，华为聚焦的是“旁观者的声音”。

三、借助天下大势，引起用户共鸣

秦始皇曾曰“东南有天子气”。不管有没有，刘邦就往东南边跑，典型的借势，就好像“专家”说鱼翅燕窝好，大家都去买一样，到底说没说、对不对并不是大家最关心的。刘邦就是如此挤上位的，上到帝皇、下到民妇，都说东南有天子气，他就向大家证明我在东南边。“隐于芒砀山泽岩石之间。吕后与人俱求，常得之。高祖怪问之？吕后曰：季所居上，常有云气，故从往常得季。”这样一来，皇帝这么说，农妇也都看见了，你信不信？“沛中子弟或闻之，多欲附者矣”。由此可见，这就是典型借势而为，以此建立品牌和渠道。

从现代营销上来说，数字镭（DMLei）的业务主要针对品牌建立和渠道传播。首先，数字镭能帮企业向数千家媒体投稿，媒体就是树品牌和权威的平台，只要内容真的有吸引力，稿件真实，并能与当前热点相结合，那么就能为企业带来很高的美誉度。其次，数字镭能帮企业在微信公众号、微博大 V 上进行广告投放，这些都是舆论关注的地方，能通过大数据的分析精准匹配到目标用户进行传播，从而提高相应的转化率，从而引起用户的共鸣。

当然，一次完美的事件营销不止以上三点，还需根据实际情况进行相应的扩充和完善，但以上三点是基础。事件营销是一个系统工程，涉及的方方面面都非常重要。下文以我做的一次事件营销为例进行分析和解读。

事件营销分为两类：**一类是策划热点**，通过品牌自身的独特价值，以及营销活动和不断宣传造势，形成爆发点，主流品牌往往采取这一方式，正所谓主流就是引导潮流。**另一类是蹭热点**，通过舆情关注热点，延伸出品牌热点，这个比较适合中小企业。但在此过程中，必须对爆发点进行有效管控，否则一旦失控，很容易导致营销过度，引发社会反感情绪，得不偿失！

案例

网上“打脸”事件

2014 年是我创业做比特币交易网的第二年，也是比特币行业竞争最激烈的一年。商场如战场，我们国内五大交易公司于五一劳动节期间开会达成共识，为了维护比特币的交易环境、减少政策风险，所有交易所停止杠杆借贷业务，以达到给比特币降温的目的。即使要面临赔钱开公司的日子，但是开完会我依然令公司发布了停止杠杆业务的公告。当然，这种损害利益的联盟肯定无法长久，不到一个月，会议的组织方某网就绷不住率先放开了杠杆业务，紧接着第二家也开了。

因为这个业务市场需求大，所以我的客户就开始流向放开杠杆业务的那两家公司。我琢磨自己也得开，不开就得完蛋，但这么直接开的话也只能守住现有的市场，对拓展没有好处，得想个招儿制造个事件。于是组织头脑风暴，我无意说道："这说好了关业务，然后都开了，真是自己打自己脸。"说完灵感就来了——我为什么不能真打？不光真打，还要狠狠地打。当天就开工，全公司加班，技术部进行杠杆产品测试准备上线，客户部临时培训，财务待命加班，市场部准备公关稿。我和合伙人互相录自罚打脸的视频，并且说"我错了，我不应该上杠杆"。录完后马上请人对视频进行编辑、配文字、做后期，同时把视频做成 GIF 动画，一切在晚上 8 点前准备就绪。

此次事件的策略如下：视频录了两份，以备不时之需或者后面加把火时用，先放出我以 COO 身份自罚视频。如果没达到预期，再放出合伙人以 CEO 身份自罚视频。第一轮发布我的自罚视频的时间是晚上 8 点，这个时间正好是大家吃过饭拿着手机聊天最活跃的时间；第二轮发布 GIF 动画的时间是晚上 9 点，这个时间是大家看过视频后自主传播和讨论后的一个过渡点，需要加把火；第三轮发布杠杆借贷优惠活动——前三天借贷免息，将传播转换成价值。预备方案是：若当天晚上效果不到位，第二天晚上就发布 CEO 自罚的视频。

结果效果远远超出预期，我们一分钱广告费都没有支出，第二天网站流量就增长了 30%。杠杆业务重启后用户量获得增长，品牌也因此传播到更多的比特币爱好者中，无形中还打击了对手（想想舆论会怎么说）。后来跟人聊天时还有人说当时就是因为自罚的视频知道了我们网站，到现在那个 GIF 动画还有很多人保留。

通过现在的复盘，总结当时的策略点主要有以下五个方面。

1. 提前计划

任何事件营销都要提前进行周密的计划，并且需要有备选补救方案，千万不要跟随某个热点去炒作，这是大家在做事件时的一个误区。相信大家有过朋友圈某一张广告创意在同一天被各种公司模仿并刷屏的经历，现在再回头想想，我们真正还记得谁吗？这种借势仅增加了曝光度，但从投入和产出比来说不太划算。

2. 天时：爆发时间一定要选好

（1）早上 8 点前。大家通常会在早上浏览朋友圈，但是这个时段发布信息的人比较少。

（2）11：30—14：00。通常情况下，人们会在该时段吃饭或上洗手间，在这期间看手机的人较多。

（3）18∶00—22∶00。此时期是使用微信的最高峰。很多人下班挤地铁、吃饭或躺在沙发上的时候都会看手机。

3. 地利：互联网宣传渠道要选准

现在的精准营销其实就是“因地制宜”，提前加入相应的各种群并引起关注，同时一定要准备红包经费并适时使用，然后针对微信公众号、微博、论坛和网站进行相应的投放。

4. 人和：团队配合

事件营销都牵一发而动全身，各个部门都需要提前做好准备，不然要么会出现热度不够而无法突破传播临界点的情形，那么会产生突破临界点却因后续服务跟不上而徒劳无获的后果。

5. 收尾：要有回甘

做事件营销就像品茶，汤好润口还要有余香，所以收尾工作一定要做好。比如，我之前将视频做成 GIF 动画或者做一些评论等，这些都需要根据不同的事件做相应的方案。

最后，做事件营销一定要抓住一个点进行深挖创新，没有可以完全复制和重复使用的案例。但万变不离其宗，万事万物都有规律，我们做策划的时候尽量按以上思路并付诸实施，总是或多或少有些效果。

可见，我们这次事件营销的策划，最开始的定位就是如何掌握“话语权”，而不是“话语拳”。事件营销的精髓是找到事件中的“核心价值点”，化被动为主动。尤其是在如今的自媒体圈里，人人都想当作者又找不到读者的一个重要原因就是“价值点”的缺失。

在事件营销中，有什么样的土壤，就会有什么样的营销，这一点古今如此，中外亦然。刘邦“斩赤蛇，平天下”，借助的是秦朝“严刑峻法”的政治土壤。在古人的谋略中并没有高低之分，其核心是寻找到“历史的合理性”，进而组成一条环环相扣的“因果链”，同时考虑到偶然因素和不利因素的作用，就能完成一套恰到好处的事件营销。

借势营销与市场成本转嫁

商场如战场，战场靠的是士兵，商场的关键是营销，打仗无兵不行，做营销没钱不行，这是最根本的共识。对于创业者来说，初创时期肯定缺人少钱，靠自己默默积累不是不行，但时间太长且难有大成就。这个时候就得善于成本转嫁，借他山之石。那么，他山之石来自何处？如今朋友之间借钱尚且困难，古时候的人怎么能借到那么多人上战场呢？

纵观中国历史，“借”的能力最强的就是刘备。没地盘，找鲁肃借了荆州，有了这借来的一亩三分地刘备才算有个窝；没人手，刘备找公孙瓒借兵去救陶谦，和曹操对着干，还真借到五千兵马，大将赵云就是这时候借来的。在现代营销学上来说，我一直称其为“第三方支付理论”，也就是常说的“互联网时代羊毛出在猪身上”。

先看曹操兵困徐州，孔融约请刘备同往解围。刘备言兵微将寡，恐难轻动，孔融误以为刘备无仗义之心，刘备请孔融先行，自己去公孙瓒处借兵。孔融曰：“公切勿失信。”刘备说了一番掷地有声的话：“公以备为何如人也？自古皆有死，人无信不立。刘备借得军，或借不得军，必然亲至。”于是刘备以此为由找公孙瓒借兵：“备已许人，不敢失信。”公孙瓒还真就借给了刘备五千军队，其中还有赵云。而公孙瓒愿意借兵的原因是他正处于割据初期，想立足自保，尤其是面对袁绍强大力量的威胁，非常需要有一些外援和同盟力量。刘备原是他的下属，现在占据平原，虽然力量尚弱，但仍是一支值得拉拢的力量。公孙瓒借兵，是为了巩固这种同盟关系，牵制和抵御袁绍。

综合来说，刘备借兵成功主要有四大原因。

其一，找准合作伙伴，找到利益共同点。

刘备和公孙瓒有一个共同的对手袁绍，把袁绍打了，刘备能得兵马、公孙瓒能得安宁。做营销也一样，找合作伙伴首先得选目标用户，最好是上下游关系的。比如面向普通消费者的产品，先从消费人群高中低、男女性等角度来选上下游的合作伙伴，将产品打包来销售。举个例子，大家应该都坐过滴滴专车，滴滴推广期的时候车上就会放一瓶昆仑山的矿泉水作为礼物送给消费者，来提高竞争力。这就是一个很匹配的上下游场景：在车上大多人都希望能喝口水，这是用户需求；同时很多人贪小便宜把水带走，这是用户潜在需求。当用户想打车的时候在同等价格上就会选择提供免费水的滴滴。

那么利益共同点就找到了，卖水的品牌也需要借助滴滴的渠道宣传和销售。滴滴的水肯定是通过对比选出来的，不能选品牌非常强势的（如农夫山泉），他们有自己的市场份额，很难为此做大额的投入；不能选价格太便宜的（不能降低体验），他们很难负担这个费用并且还会有损滴滴的形象；而昆仑山就很合适，其价格一直偏高且市场占有率相对而言又不是那么高，于是滴滴很自然的就能拿到一个极低的水的采购价格甚至是部分免费，同时双方共同承担一定的宣传费用。类似的例子还有很多，多找几家目标群体相似的企业一起出钱出力营销，如果商务能力强的话，完全可以实现零成本营销，不过数量建议控制在三家以内，不然宣传力量就会因过于分散导致都无法达到预期效果。

其二，抓住客户预期，要会卖“期货”。

在借兵过程中的关键点是，刘备先答应孔融会出兵，让参战师出有名并有理由借兵，找公孙瓒借兵的时候便提出此举是为了帮助孔融，让公孙瓒在道德层面上有了个出兵的理由，同时能帮他解决实际问题，这样成功率就高了，最终刘备只是自己参与便成就了事业。

这就是逻辑自洽的闭环。如今好的商业模式，无一不是在创造“连接”——有的是利益的连接，有的是情感的连接，有的是兴趣的连接。可以看出，刘备答应了孔融是情感的连接，与公孙瓒的合作是利益的连接，而盘活这盘棋的过程中，大将赵云对刘备的事业产生了兴趣，这是兴趣的连接……

仔细来看，刘备在与孔融会谈之前有什么呢？什么都没有，完全都是在卖“期货”，也就是将来会有什么。这种卖“期货”的行为在商业上屡见不鲜，甚至还成为一种商业模式。比如，现在市场上有专门的会议营销公司，他们的玩法跟刘备的套路基本一样。首先找个主题，会议营销公司做这个主题活动的主办方（类似刘备负责领军参战）；然后以某行业高端峰会的名义，拟邀请知名嘉宾参与共同探讨问题或者分享经验，把活动规格提高；接着去找各种相关的企业通过赞助方式参与进来，甚至还会颁发奖项。这种模式虽然看上去不同寻常，但是存在即合理。

此处应注意两个关键点：一是这种公司会全权负责这场活动，能以通识性问题为切入点；二是用了拟邀请的“拟”字。有这两点就会很容易获得相应企业的支持并参与，而有了这么多企业参与和赞助后，主办方就可以真正找拟邀请的嘉宾落实成为真正的参会嘉宾。

其三，自己要有真本事，才能获得信任。

三国时期，知名的借兵事件有两起：一是刘备轻而易举借兵五千；二是孙策又跪、又哭、又撒娇，还拿贵重物品（传国玉玺）做抵押借兵三千，这就能看出信任的重要性。老祖宗很早就说过“人无信不立”，做这种成本转嫁的事情，一定需要有一个信任的前提，这种信任不一定是一对一的直接信任，也可以通过口碑、品牌和市场等多个角度的背书解决。

刘备一生坚守“仁义”这条原则，并且不断地以仁义的名义行事，这样自然会给人留下可信的感觉，所以刘备不但轻易借兵五千，而且还能借到赵云这样的将领；而孙策则不一样，有点类似草根创业，没钱、没资质、没资源，相应地就很难借到想要的东西，最后只能以东西做抵押才完成借兵三千。

其四，维护合作伙伴权益，才能持续合作。

合作最怕的是养大“白眼狼”，就是一方占便宜，另一方吃亏。谁会愿意跟一个会威胁自己利益的人合作呢？刘备在借兵的过程中，利益都提前说好，自始至终都让合作伙伴感到很舒服。这在做营销合作的过程中也很重要，毕竟我们将营销成本进行了转嫁，合作企业也是逐利的，不能在这个活动中让帮助你的合作伙伴完全变成配角或者利益受损者，这是持续合作的前提。刘备借兵确实解了曹操之围，这一点达到了公孙瓒的预期；同时战斗结束后让赵云回到了公孙瓒身边，直到公孙瓒过世之后才又把赵云收归旗下。这样真正坐实了“仁义”二字，使得即使在群雄逐鹿的时候也有人愿意与刘备合作。举个反例，三国的吕布，被人扣了“三姓家奴”的帽子，后来都没人愿意与他合作。但仔细想想，真正换阵营最多的其实是刘备，他足足换过八次阵营，依旧不妨碍他不断地寻找合作伙伴。可见，合作的达成不在于换了多少次阵营，而在于是否留下了维护合作方权益的口碑。这就是吕布与刘备的区别。

借势营销本质上是借力，分为借资源、借钱财、借人、借渠道、借名义，核心都是增加资源助力，降低成本。商业社会很现实，很多企业营销是希望借财、借资源，认为这样最现实，但实际上这也是最不现实的，这只是业务销售上的合作，真正的借力是借名，通过合作伙伴的信用背书，叠加品牌效应，形成市场助力。

案例

P2P 行业信用背书的反面事例

品牌是什么？品牌即是信用体系！背书是企业营销战略最好的借势营销，在 P2P 领域，品牌背书是借贷平台的重要途径。拼爹、傍大款、抱大腿……已成为行业一种不良的“流行风尚”。在行业野蛮发展后，整改洗牌加速，P2P 不断地通过寻求各种背书来获得自身快速成长。

据业内人士统计分析，不少 P2P 平台利用股东背景为自己背书增信，给自己贴上了“国资系”“上市公司系”“风投系”“银行系”等标签，进行过度营销的屡见不鲜。截至目前，全国银行系 17 家、国资系 83 家、上市公司系 75 家、风投系 83 家，总数占正常运营平台的 9.3%。

我们看到，目前 P2P 平台品牌背书主要有以下五种方式：

一是行业协会挂靠：很多借贷平台广泛与行业协会建立关系，担任协会副会长、理事。

二是依托战略合作方：与传统大型金融机构合作，抱上诸如银行、保险等大型机构的“大腿”，平台高大上，形象瞬间树立。

三是专家学者背书：如 e 租宝、泛亚交易所、中晋资产、鑫琦资产等平台纷纷出事，它们的共同特征就是都利用专家学者和娱乐圈明星为自己站台。

四是与权威媒体合作：除了已经出事儿的e租宝之外，借贷宝、信和财富、银谷财富等也纷纷登上了央视舞台，而这些平台都曾引起争议。

五是高端论坛峰会：冠以高大上名称的金融、互联网等全国性的峰会，邀请各路专家学者和领导出席。

e租宝出事后，除了追究e租宝负责人以及相关负责人的责任外，社会舆论把矛头指向了这些品牌的背书群体，挖出了很多背书群体的利益关联方。

所以，借势营销应引发另一个思考：对“势”的滥用导致社会公信力下降。同样，在三国中，袁绍讨伐董卓，召集十八路诸侯会盟，但最终的结果是，各路诸侯各怀鬼胎，根本打不过董卓，结盟土崩瓦解不欢而散。从商业的角度看，袁绍确实找到了各路诸侯的“利益共同点”，但同时也因为袁绍自己好大喜功、急功近利、赏罚不明的个人性格而走向失败。

所以，“借势”并不是营销的唯一法宝，它在一定程度上起的是辅助作用。总归而论，借势营销的逻辑建立在信任的基础上，而一旦人的信任度受到了质疑甚至受到损害，企业将面临不可逆的信誉流失。

活动造势与品牌营销升级

品牌是企业的发展经历、目标，通过各种营销手段，应使之得到社会大众的认知、认同，从而达到占领市场的目的。活动造势则是企业品牌奠定市场地位，获得社会认可的必然途径和渠道。

在营销领域，活动不单单是为促销和销售服务，更多是为品牌战略目标服务。为达到营销目的，企业通过有计划、有安排的策划活动，来形成品牌的市场大势。

首先，活动造势要围绕企业营销战略进行。

历史上，最有名的诸侯会盟，则是周武王“八百诸侯会盟津”，这可以算是历史最知名的营销活动。周武王继位时，“殷之叛国”越来越多，商王朝内外交困，由周灭商而王天下的形势已经形成。当时，周的疆域西自甘肃灵台，东至河洛，并且占有长江、汉水、汝河流域广大地区，取得所谓“三分天下有其二”的优势。在这样的形势下，周武王兴建都邑，在丰水东岸新建镐京，做好了灭商的准备。

为了实现推翻商朝统治这一伟大目标，周朝做足了准备工作，备耕、积累粮草、训练兵马。在姜太公的辅佐下，周朝可谓兵精粮足，已经具备足够实力。但是，周武王却以“八百诸侯会盟津”来造势，形成以周代商的“大势”。围绕周王朝的市场领导地位，武王策划了“八百诸侯会盟津”这一盛会。八百诸侯现在只能是大概统计，但因为这次活动，商朝的市场纷纷倒向了周朝。

其次，活动造势的核心是奠定品牌的江湖地位，拉开与其他品牌之间的差距。

历史记载，武王九年（公元前1048年），大会诸侯会于孟津（今洛阳北）。前来参加大会的诸侯和部落首领，据说有八百人之多。在大会上，周武王举行誓师仪式——“盟津之誓”。这是一次“诸侯所由用命”的重要盟会，实际上是灭商的总动员。武王下令将士准备好船只，向黄河对岸进攻，落后者将以军法处置。顷刻间千舟竞发，浪花飞溅，周军迅速到达了对岸。但武王又急令返回，原来武王的目的只是进行一次渡河战斗演练，同时借机探明诸侯国的虚实。通过这次演练，武王认为一举灭商的时机还不够成熟，因而引兵暂退。从此，众多的诸侯都听从周的指挥，周也从此确立了其盟主地位。此次活动誓师目的在于造势，通过演练则奠定了周的地位。

再次，活动造势需要充分展现品牌形象，其背后就是企业的实力和理念。

在会盟上，周武王展示了自己实力，宣传了自己理念，举起了讨伐暴政的大旗，也对八百诸侯进行了动员，加强战略合作的认同和信心，这一系列行为视为顺天下民意而动，造势与后期的会战更是盛名赫赫。

后来，八百诸侯大军从盟津渡河，沿河向东进军，于正月甲子清晨到达殷郊牧野，武王再一次举行誓师动员，历数纣王“自绝于天”的种种罪行，宣布执行上天的旨意来讨伐商纣的理念，大大鼓舞了士气。次年二月，两军在牧野会战，商军阵前倒戈，引领周军攻入殷都，纣王见大势已去，最后自焚身亡。

最后，活动背后是一个资源聚集和叠加过程。

很多人认为活动是一个吃力不讨好的事情，投钱、投物、投人，得到的只是一个面子。其实活动就是一个大舞台，企业就是导演，从舞台搭建、活动内容到观众邀约，都围绕企业市场资源进行，不能以销售为衡量标准，活动是否成功应该看活动规格、规模，来的嘉宾和观众，这些将成为企业最好的背书，也是最好的市场资源，甚至可以说是市场的开路先锋。

可以说，周武王通过这次诸侯会盟，最大限度地整合了各方资源，与各路诸侯达成了战略合作，形成了庞大的市场基础。最重要的是，周武王通过这次“活动”，达成了事实上的品牌领军地位，形成了周朝君临天下的市场格局。

诸侯会盟在一定程度上，是中国先秦历史中进行活动造势必不可少的组成部分。其中，以周朝的会盟历史最为详细，且数量最多。据《左传》记载，周朝会盟数量至少有二百次。其中以葵丘会盟、践土会盟、黄池会盟、徐州会盟最为著名，被合称为春秋四大会盟。这些会盟都带有强烈的舆论造势目的，以建立攻守同盟，从最初尊王攘夷等以礼仪治理天下的会盟，到后来为了争夺霸主以武力治理天下的会盟，都是古人最原始的事件营销和活动公关。

可以想象，诸侯们聚集在一起，喝着美酒，讨论着天下大事，商讨竞合发展方向，最终形成一致的意见，共同发起攻击。这与我们现今众多行业活动、年终盛典，有着异曲同工之效。

当一个品牌积累到一定程度，要进行市场上位的时候，其能否成功就取决于营销活动。通过一场盛大仪式来展现，是品牌升级的过程。

“双 11”光棍节本是无中生有，但是阿里、淘宝却生生将其做成了“八百诸侯会盟”的架势。最初，对于电商销售、电商购物，民众都是持怀疑、谨慎态度的，最先吃螃蟹的毕竟都是少数。

正因如此，淘宝创造了“双 11”，联合平台内卖家，在“双 11”当天，打着品种丰富、网络产品经营成本低、方便、快捷的旗号，加上支付宝的第三方支付信誉担保，向传统实体销售发起了冲锋。

随后，淘宝不断公布出各种数据，从开始的参与商家数据、产品数据、价格折扣数据到后期的商家数据、品牌数据、成交数据、包裹数据，历经数年，“双 11”最终形成全国乃至全球人的购物狂欢节。

可以说，如果没有“双 11”，就没有淘宝的今天，更没有如此强大的舆论关注度和网民吸引力。

反观成功案例，活动造势关键在于两点：一是活动本身，需要让更多的相关合作伙伴和人员关注并参与其中，在活动中形成认同和口碑，从而成为品牌体系的一部分；二是活动包装推广，将活动效能无限提升，效益不断增加，衡量活动造势成功与否，80%取决于推广，所以活动造势是典型的功夫在事外！

案例

最成功营销案例——阿里的“双11”

阿里的“双11”已经从一个网站促销活动，成功转化为全民购物节，现在正向狂欢节转变。这是阿里营销造势成功的体现。

阿里巴巴官方数据显示，2014年11月11日，阿里巴巴“双11”全天交易额为571亿元；2015年11月11日，天猫“双11”全天交易额为912.17亿元；2016年11月11日，天猫“双11”全天交易额超过1207亿元；2017年11月11日，天猫“双11”全天交易额达1682亿元；2018年11月11日，天猫“双11”全天交易额达2135亿元。在最近五年中，“双11”的交易额极速增长。天猫总裁靖捷在2018年接受采访中总结到，“2016年是天猫‘双11’全球化元年，2017年是天猫‘双11’双新零售的大阅兵，2018年的‘双11’将中国商业的新零售和全球化成果推向顶点。”

这个互联网零售活动神话是如何实现的？我们分析如下。

第一，明确战略，进行活动造势。

从2014年记者对天猫总裁张勇的访谈可以知道，2009年淘宝最初发起“双11”的时候，也没有预料到会做到如此大的规模，那时淘宝团队的基本设想仅是让消费者每年好好玩一次。于是，淘宝商城于2009年搞了“双11”，广告营销主打“光棍节（11月11日）没事干，那天就买点啥东西当礼物送人”。至于为什么选择11月？当时给的理由，一是当时南方进入深秋，而北方进入冬季，人们需要大量采办东西；二是当时考虑到节日的情况，10月有黄金周，而12月有圣诞节，都是比较大的消费节庆类点。效果很明显，挖出了强大的内需。于是，有了这么一场持续至今近十年的以促销为核心的大型活动。

第二，不断拉盟友，最终奠定江湖地位。

现在回过头来看最早期的数据，2009年“双11”的销售额为0.5亿元，共有27个品牌参与；2010年“双11”的销售额为9.36亿元，共有711家店铺参与；2011年“双11”的销售额为52亿元，共有2200家店铺参与；2012年“双11”的销售额达191亿元，几乎所有商家参与。从以上数据可以看出，在短短4年内，中国互联网用户不可能如此快速地增长，而是参加活动的商家不断增长，更多更优质、更优惠的商品提高了原有用户的转化率。这就是一个不断拉盟友的过程，当有盟友从中获利后，自然会随着时间的推移而发生裂变，最终靠商家奠定了淘宝“双11”的江湖地位。

第三，不断的资源聚集和活动叠加。

就在人们盯着电脑抢购的同时，阿里又打造了一场新的“盛宴”。为了让“双11”这段等待的时间更有趣一点，以及再顺便提前炒热“双11”的节日氛围，2015年10月13日，阿里集团启动了“2015天猫‘双11’全球狂欢节”。作为消费者的节日，“双11”做出一项重大创新，打造一场属于全球消费者的“‘双11’春晚”。通过“‘双11’春晚”，“双11”从一个购物狂欢节升级成为全民盛典，全球的消费者和商家像欢度春节一样，在移动互联的时代里，通过多屏多场景互动，获得崭新的体验。此活动至今已连续举办了四年，每年都极为出色，越来越多的明星艺人、运动健将前来助阵，越来越多的媒体参与制作和播放，越来越多的新科技融入其中，让这场盛典已不仅仅是一个大型促销活动，而真正变成了一个全民狂欢的节日。

在2017年的狂欢节中，晚会更是创新开辟了虚拟观众席位。用户凭电子门票便能享受由CG动画+AR虚拟技术实现的专属开幕式，实现了平台、明星、用户的充分互动。明星、游戏、红包、直播等元素叠加在一起，这台晚会想要做的就是充分调动起你的购物热情，让你觉得在这个时间里购物是必须完成的仪式，就像你会在中秋节吃月饼、元宵节吃汤圆以及端午节吃粽子一样自然。

最初的“双11”活动，淘宝阿里专注于提供爆款、低价、丰富的产品，就如一个大商场搞一次集体促销活动，所以重点是与入驻商户洽谈产品、价格、折扣、优惠和推广。后来，随着“双11”的成功与成熟，阿里将“双11”作为一个品牌节打造，将“光棍节”改造成为“采购节”。现在，造势进一步升级，“娱乐狂欢节”的到来开始让消费者在愉悦中成为“剁手党”。

从活动前期整体策划，到活动内容，再到最后的结果，都离不开推广造势，而且这种“势”已经被阿里形成，所以阿里成功“上位”，占据了电商绝对市场份额，也可以说是形成了“垄断”优势。

资源整合与市场营销的品牌价值化

对于创业型企业来说，资源整合是非常重要的一个市场环节，在这个过程中要不断让自己的品牌更具价值，从而整合更多的资源让企业快速发展。从执行角度来说，资源整合就是联合各种财力、物力、人力为己所用，以增加自己的资源，最大限度地减少竞争阻力。从策略上来说，需要根据实际市场情况去找到利益共同点、合作切入点、时间节奏点等，将各个节点连起来形成一条主线。整体来说，这就是一整套的阶段性市场运营方案。在这方面就不得不提史上最牛的资源整合案例——苏秦的“合纵连横”。

苏秦是东周洛阳人，他凭自己三寸不烂之舌说服了关东六国的国君，使他们接受了“合纵”的主张，合纵抗秦成为苏秦最得意的手笔，苏秦也被推做盟主（“纵约长”），六国把自己国家的丞相印信交给苏秦（名义上的）。苏秦手握六国相印集，可谓风光至极，他将资源整合发挥到了极致。

喜欢历史的人知道，苏秦在齐国拜鬼谷子为师，向他学习纵横术。所谓的纵横就是合纵连横。当时南北叫纵，东西叫横。战国七雄，秦国远据西边的关中，燕、韩、赵、魏、齐、楚六国都在南北两端的山之东，六国合作抗秦称合纵，六国共事秦国称连横。

但这并不容易，因为苏秦早年声名不显，加上他急于表现、四处卖弄的行为，被众多诸侯国王拒绝，所以四处碰壁，最后潦倒返乡。但这并不妨碍他后来调整姿态东山再起。

据说后来苏秦“头悬梁、锥刺股”，发奋钻研一本名为《太公阴符》的谋略秘籍。学成之后，苏秦改变了自己的战略战术，先到弱小的国家燕去游说，征得燕王的支持后，再到当时已为关东最强的赵去兜售“合纵”谋略。

燕王接见苏秦谈天下大势时，彼此非常投缘。苏秦建议燕赵同盟，要燕王主动向赵国提出合纵计划，两国同心，不怕外患。燕王拨经费给苏秦，请他去邯郸游说赵国，年轻有为的赵肃侯正式接掌了赵国。苏秦手持一份军事地图，向赵王做简要报告，称六国土地合起来是大秦国的五倍，军队是大秦国十倍，只要六国合纵在一起，力量就足够制服秦国。赵王听了觉得有理，便提议由六国签订和约，共拒强秦。

在燕赵的牵头下，很快合纵拒秦成功，苏秦便当上了燕、韩、赵、魏、齐、楚六个国家的相国，佩起了六个国家的相印。

其实，苏秦之所以能成功，前提在于“合纵”对于六国来说既必要，又现实，可谓百利而无一害。而苏秦凭借自己对天下大势的了解，充分把握各方利益平衡和结合点，加上自己非凡的洞察力和表达力，最后成功“合纵”，使各诸侯国都从善如流。

对于企业而言，从原材料供应商到下游经销代理合作伙伴，以及周边各种配套服务商，在某种程度上就是一个围绕企业利益点形成的资源集合体。然而现实中存在企业挤压供应商货款、拉长付款周期的观念，双方钩心斗角，最终导致双方离心离德，组织松散，不能发挥资源的最大作用。古人云：能用众力，则无敌于天下；能用众智，则无畏于圣人。整合资源是企业最核心的竞争力之一，是“1+1>3”的游戏。

总而言之，从苏秦挂六国相印事件的过程来看，我们在进行资源整合时，应该把握以下几点。

一、把握市场大势，把握市场方向和需求

市场是不断变化的，合作者可能是竞争对手，竞争对手也可能变为合作者，也就是从长远前景、愿景来看待市场竞争。这需要现实需求。

前期，苏秦选择秦国、赵国侃侃而谈天下格局，被当作耍嘴皮子的，也就是我们说的“大忽悠”，但后来苏秦入燕，与燕王一见如故，并最后受到重用，最重要的是燕国弱小，受各个大国的挤压，迫切需要通过联合来规避自己的风险，所以需求强烈。

二、用愿景来统一思想

现在很多企业内部不断强调愿景，强调未来市场竞争潜力，但对于合作伙伴，更多的是诉苦，甚至将企业说得不堪，

为的是让供应商将款项支付延后，岂不知，这样反而搬起石头砸到自己脚。对于一个已经被老板认定为进入危机，货款都付不出的合作伙伴，大家的第一选择是避之不及，谈何对企业进行资源支持。所以，一个好的愿景和未来，能更大程度上聚合身边合作伙伴和资源，反之则是内乱不断，资源内耗。

合作讲究的是门当户对，这是相对于没有竞争的合作伙伴来说的，事实上，市场上更多的是竞合合作伙伴，所以苏秦给六国描绘了一个愿景“六国抗秦”，将秦排斥在关东之外。这个愿景也是事实上存在的，在合纵后，几十年时间内，六国都没有再受到秦国大规模的侵略。

三、资源整合需要利益平衡

有需求就有合作空间，有利益就有合作动力，实现利益平衡就能够持久合作。

苏秦合纵联合六国，抓住了市场需求点，但在利益平衡上却无法协调一致，最后功亏一篑，六国攻秦最后草草收场。当时苏秦分别游说韩、赵、魏、燕四国国君，各自出军兵粮草，以攻秦国，推选赵国宰相奉阳君为合纵长，而齐国实际上却是合纵的真正组织者和指挥者。齐国名义上合纵攻秦，其实不过是借齐制秦，使其不能抽身救宋，齐好再次攻宋。

苏秦极力主张强攻秦国，然而齐既不卖力，赵、韩、魏、燕自然也都互相推让而逡巡不进。因此联军始终未与秦发生大规模的战争。尽管如此，齐劳师袭远，仍然大损国力。这次五国“合纵”攻秦，表面上看行动一致，为攻秦而集结军队，但暗地却各有各的打算。军队停留在荥阳（今河南荥阳市东北）、成皋（今河南荥阳西北）间不前进，结果无功而散。齐国却趁机伐宋，夺得一部分土地。

资源整合就是让更多的人成为自己的朋友，成为品牌阵营里的一份子，减少竞争对手，得到更多助力，就如合纵连横一样。只要能实现品牌的最大的价值和商业利益，就可以以开放的姿态去开展。

近年，中国家居建材行业的品牌可谓异军突起，无论在产品、企业数量，还是在龙头品牌的市场知名度方面，都已经成为继快消品、家电、汽车等广告投放大户后又一大品牌营销主力。下面以“家居行业冠军联盟”这一异业联盟为例。

案例

冠军联盟异业联合的典型

冠军联盟是国内首个泛家居行业联盟，成立于2009年4月23日，成员品牌为大自然地板、东鹏瓷砖、雷士照明、万和电气、慕思寝具、索菲亚衣柜、友邦吊顶、美的厨电。

在中国建材市场数十万家本土企业激烈厮杀之余，更有一大批实力强劲的国际知名建材企业也垂涎于这块巨大蛋糕，纷纷进入中国。面对家居建材市场内“涨”声四起、行业竞争进一步加剧升级的严峻形势，如何在激烈的市场竞争中脱颖而出，站稳脚跟？如何在即将饱和的市场环境下，抢占更多的市场份额？如何在有限的市场区域，拓展更大的发展空间？一系列的问题，成为当时商家面临的重要挑战。

为此，在经历2008年世界经济危机后，市场显得异常疲软，为提振市场信心，加强品牌竞争力，八大品牌联合整合资源，推动家居产业跨界升级，为消费者提供家居一体化解决方案。凭借异业对接，冠军联盟在营销、家居采购、媒体采购、推广和销售终端上构建一体化平台，活动范围扩展到全国数千个城市，涉及数万个经销商。后来陆续有新的品牌加入，不断为联盟增加新品类和新品牌。

冠军联盟成立后，开展了一系列品牌活动、促销活动，包括甘肃刘家峡“万绿母亲林”、上海“我为零碳种棵树”等大型植树活动，这些活动以“绿色环保美好家居”作为宣传教育。而“非常5+1”“千城万店”“百团大战”“幸福来袭”“家居文化节”“足GO精彩”“超级团购中国行”“让我们结婚吧”“筑梦中国”等一系列终端促销活动，则为数百个城市的消费者带来了可得利益。另外，“中日韩三国设计师论坛”“设计之上，大美无界”“美丽中国冠军设计”等设计师活动，从影响力的维度进一步巩固了冠军联盟在家居行业的地位。后来，各地开始效仿冠军联盟，也陆续成立各种品牌、商家组合的家居联盟，但都已经无法再与之抗衡。

通过冠军联盟异业联合的一系列活动，相对弱小的家居行业快速形成了与家电、汽车等品牌巨头并肩的知名品牌，为行业大众所熟知。同时，通过多维度的活动，客观上也形成了冠军联盟“领头羊”的品牌格局，这一格局至今仍左右着家居建材行业。

当然，后来随着整体家居的出现，各大品牌之间的利益也开始出现失衡，联盟合作声音近几年开始式微。

第六章

正确使用营销这块砖

6

“

营销类企业的竞争力在于销售、品牌、渠道，而根本核心在于品牌营销体系的建设。中国消费市场经历过制造驱动时代、销售拉动时代，现在进入了消费主导时代。营销前只有认清目标、瞄准客户，才能发挥作用。营销过程中应该是资源整合营销，最终有针对性地吸引消费群体。

”

市场营销是企业的基础，不能把它看作单独的职能。从营销的最终成果，亦即从顾客的观点看，市场营销就是整个企业的活动。企业经营的成功不是取决于生产者，而是取决于顾客消费。

美国著名管理学家　彼得·德鲁克(Peter F.Drucker)

在国内，一直习惯性地将企业分为两大类型：制造型与营销型。

制造型企业的竞争力在于技术、产品、厂房、生产规模，核心在于产品生产制造力，销售更多依托外贸订单、OEM 订单以及接单加工，在广东东莞以及珠三角、长三角地区，绝大部分企业以此起家。典型特点是：在一个县、镇，有一批龙头企业，背后成千上万的企业为这些龙头企业代加工，再逐步形成细化的中小品牌，从而形成特色产业镇。比如广东顺德，美的家电集团的背后带动着庞大家电制造企业群体；浙江慈溪，有以德力西为代表的高低压电器制造企业群。此类型的企业早期应当以专业制造品牌的身份出现，比较容易获得客户好感。

营销型企业，竞争力在于销售、在于品牌、在于渠道，掌握着终端销售群，核心在于品牌营销体系的建设，产品则更多依托 OEM，本质上属于贸易型公司，随着规模增加后，再自建厂房、生产基地。2000 年到 2008 年，到处可见一些从低矮的临时简易房搬到拔地而起的新厂房的企业。营销型的企业做市场更灵活，怎么卖货怎么来，五花八门各显神通。

中国消费市场经历了制造驱动时代、销售拉动时代，现今则是消费主导时代。在前两阶段，营销的核心是如何把企业与产品更好地推销给消费者，现在则是通过不断研究、分析、总结消费行为，形成市场销售大数据，生产出更为符合消费者需求和个性化的产品，从而衍生出C2B、C2F、C2M等“逆向”营销流。

在消费主导市场，品牌营销概念与功能定位发生了彻底性裂变，形成了全生产链、多维度的企业生态营销体系。传统营销功能从品牌推广、渠道建设、终端促销、客户销售和服务，转向了以客户群体为核心的社会资源体系构建、品牌生态体系优化、社群消费的稳固，营销媒体、终端客户群、广告主以及营销服务商都面临急剧变化，以消费为核心的大数据建设、营销战略与战术手段也得以升华与多样化。

板砖要发挥威力，在拍出去前，首先要认清目标，瞄准客户，才能发挥作用，否则失去方向，再大的力道也是白费。

消费主权时代下的社会营销趋势

人气就是价值，消费就是市场。许多经营者认为传统百货零售业正在受到电商的威胁，其实这只是表面上的问题。如今，实体店真正感到的冲击是“消费者变了”，消费者主权时代正在到来，新消费阶层正在崛起。

历史上，诸葛亮的隆中对算得上是他为刘备筹划的聚人气、寻找消费市场的经典案例。在营销概念里，隆中对特别适合弱小、无力逐鹿主力市场的企业，其目的是规避最强劲的对手，利用一长串的逻辑链来将雪球滚大。换言之就是不断地聚集人气，同时锁定目标消费市场。

看过《三国演义》的人应该记得，诸葛亮首先给刘备的建议是：“今操已拥百万之众，挟天子而令诸侯，此诚不可与争锋。”诸葛亮在这句话中点明了刘备之前的战略有问题，曹操强大，刘备弱小，如果刘备与曹操硬碰硬肯定会吃亏。随后，诸葛亮又对局势做了一番分析：“孙权据有江东，已历三世，国险而民附，贤能为之用，此可以为援而不可图也。”随即迅速做出判断：曹操不能碰，但“刘氏集团”品牌的理念一直是“为国除贼”，要延续这个品牌的理念就必须有个联盟，江东的孙权有权有势，口碑也好，可以成为合作伙伴。

而诸葛亮最精彩的演讲是关于消费市场寻找的内容，他摇着鹅毛扇对刘备说："荆州北据汉、沔，利尽南海，东连吴会，西通巴、蜀，此用武之国，而其主不能守，此殆天所以资将军，将军岂有意乎？益州险塞，沃野千里，天府之土，高祖因之以成帝业。刘璋暗弱，张鲁在北，民殷国富而不知存恤，智能之士思得明君。"在这里，诸葛亮告诉刘备，荆州四通八达，占的是地利；而巴蜀的统帅不得人心，消费者心里不开心，都在渴望优质品牌的入驻。

可以说，《三国演义》中，诸葛亮的隆中对是三国历史上重要的转折点，没有这个转折点，就算刘备有关羽、张飞和赵云也打不出什么名堂来，很可能依然过着四处逃窜、打游击战的生活。而诸葛亮的建议，就是要为刘备做大做强找到消费市场，同时通过频繁的"品牌活动"来推广刘备的理念。我们可以将隆中对故事中的精髓嫁接到当前的市场形势，解读诸葛亮的智慧。

一、看清形势，建立格局

目前全球90%的二维码个人用户在中国。2019年1月23日中国银联发布的《2018移动支付安全大调查分析报告》显示，随着我国二维码产业进入快速发展期，2018年底我国手机支付用户规模已经达到5.7亿人，移动支付每月平均消费为2600元。正是因为智能手机的普及和移动互联网的发展，信息的流动方式改变了人们的消费方式，才使人际关系被重新定义。这就是时代巨轮滚滚向前的势能，如果强行与之抗衡，去推广刷卡机或者点钞机，必然失败。这就好比《隆中对》中的刘备，如果再去硬跟曹操抢市场份额，结果只能是被曹操吞掉。

二、调整战略，树立风格

如果无法取得胜利，那就以退为进，但退也要退得有尊严。比如，诸葛亮去江东游说抗曹，就来了个舌战群儒，其演讲主题是："我们打不过曹操，起码一直在打，你们呢?"后来，诸葛亮通过智激周瑜、智激孙权等一系列的公关活动，完成与东吴的合作。从整个销售市场来看，近十年来，消费者对商业品牌的概念和接受程度发生了很大改变，以往由大型公司决定产品设计和使用大面积广告进行全球化销售的模式正在改变。这就像联吴抗曹一样，现在即使是弱势的一方，也往往可以通过新技术的推动（如草船借箭、借东风），通过联动聚合成为主导者。

三、角色变换，不断参与

如今，消费者在社交网络、微博等新媒体和新沟通工具崛起的年代能够更好地实现人群的聚集效应，从而形成对传统大公司的言论压力，如纵观近年来酒鬼酒、农夫矿泉水、归真堂等知名品牌面临的舆论危机。在大变局的时代里，消费群体发出的声音是巨大的，如果没有信息化的飞速发展，人们很难想象舆论会像今天这样"倒逼"企业战略。而"刘氏集团"在置身群雄逐鹿的环境下，只有不断地选择成为“参与者”，不断地发出声音，才能求得生存。这也正是数字镭品牌的核心价值。

在消费主权时代，消费者的个性化将得到充分尊重，消费潜力将被无限挖掘。产品个性化带来的消费多样化不仅体现在产品上，还包括在场景、体验、互动中。企业和消费者的触点不再局限于单一的商场、网站等高流量入口，而会变得空前丰富。如无人车、无人超市、自助下单、自助预约、自主挂号、自主点菜等消费者自助方式，不仅是一种简便快捷的消费方式，更是消费者主导权的体现。而对于需要不断参与的企业，未来做出的转型战略就显得越来越重要，甚至起到决定性作用。

案例

海尔的互联工厂

海尔在全国各地建设了不少“互联工厂”，如沈阳的冰箱工厂、郑州和胶州的空调工厂、佛山的滚筒洗衣机工厂等。互联工厂全部采用机器人作业，通过先进的设备自动换模、自动上料，实现自动化生产。

值得一提的是，这些互联工厂完全透明化，用户可以查看生产全过程。比如，产品何时排期、上线、完工、发货，甚至可以定位产品在生产线上的位置。用户还能看到核心模块的供应商信息，以及安全和噪声方面的质量信息。工厂不再在暗盒里生产，用户全流程参与，体验产品的创造过程。

另外，海尔互联网工厂的智能化，不只体现在“无人”和“信息化”上，还体现在对用户需求的把握上。借助前期交互平台，海尔可以与终端用户充分互动，同时整合全球资源，响应用户的个性化需求。在海尔，互联工厂不只是一个工厂的概念，更是一个组织的概念。例如，用户可以在“海尔商城”根据自己的喜好选择产品（冰箱、洗衣机、空调、灶具）的材质、尺寸、喷涂颜色、图案等。需求传到工厂，立刻安排生产。自动化生产线上，等待组装的白电颜色不同，前后型号和样式也可能完全不同。也就是说，成百上千个零件组成的白色家电，也能实现智能化柔性生产。

互联工厂的生产效率惊人。沈阳互联工厂，一条生产线可以支持500多个型号产品的大规模定制，生产节拍缩短到10秒一台，订单周期从15天压缩至7天，是全球冰箱业承接型号最多，生产节拍最快的工厂。佛山互联工厂，一台洗衣机从下单到下线，最快可以2小时完成。海尔一直提倡的“供应链无尺度”和“零库存下的即需即供”，很大程度上通过互联工厂得以实现。

消费主权时代，建立与消费者的沟通机制，成为企业未来品牌营销的必然，互联网与移动端技术的快速发展，为这种趋势提供了条件。但目前，很多企业依然将互联网简单归结为信息、交易、推广平台，而实际上互联网的服务型功能越来越被推崇。比如，市场上越来越多为企业营销提供服务的互联网工具和平台，应该引起企业的足够重视和关注。

新时代下的营销新功能

营销源于销售，随后围绕品牌与产品直接对接到市场，现在则贯穿企业整个商业行为，但重心从前期的客户寻找、接触，转为客户群的培育，构建稳定的消费市场群体，从而让企业获得销售份额。

上古时期，古人为求生存，靠的是大自然的赐予，在森林、荒野中寻找充饥食物，后来产生了狩猎活动。对于刚起步的企业而言，营销就和狩猎一样，核心在于物色寻找目标猎物，所以在这一阶段，企业的营销往往由老板本人承担。企业老板既是企业最大的销售业务人员，也是企业的市场人员，更是企业最核心的营销推广人员。

当今，市场营销已成为企业经营活动的第一任务，也就是挖掘市场需求、引导消费、创造需求、把握需求，这一点在发达国家显得尤为突出。在美国，调查机构对250家主要公司高级管理人员进行调查后发现，目前美国公司的第一任务是发展、改进及执行竞争性的市场营销策略；第二任务才是“控制成本”；改善“人力资源”已经放在第三任务，也就是说，过去强调的“管理出效益”已经被摆在次要位置。不仅如此，越来越多的企业的高级管理人员来自市场营销部门，如克莱斯勒汽车公司总裁艾可卡便是来自营销部门。

在狭义的营销概念里，企业市场营销活动归纳起来是解决两个基本问题：其一，让最终消费者（客户）能够方便接触到公司的产品；其二，促使最终消费者（客户）产生购买行为。

打猎，古代称为“田猎”，也写作“畋猎”或者“佃猎”。古代，表示打猎、耕种的时候，田、畋、佃三字是通用的，可见寻找目标客户在生存期何其重要。

《春秋公羊传·桓公四年》何休注：“田者，蒐狩之总名也。古者肉食，衣皮服，捕禽者故谓之田。”何休的意思是说：古人以肉为主食，穿动物的皮毛，狩猎就像种田一样，所以管打猎叫作“田”。我们的祖先对田猎无疑是重视的，而对被田猎的动物同时持有一种爱护和保护的心理。“田不以礼，曰暴天物。”对动物不是一网打尽，也不是随心所欲，而是适当利用、恰当利用。可以说，这种敬惜生命的心理值得我们后来人效仿。

抛开环保、生态话题，从企业营销角度而言，则对应了营销的另外一层次：培育客户。

由于随着人口的增长，狩猎远远无法满足人类生存，古人就开始驯化、圈养牲畜。不仅如此，狩猎的人们也开始注意维护市场：只选择秋天狩猎，因为秋天的时候，动物经过一年的成长，膘肥肉多；对于幼小、雌性猎物还往往予以放生，这不仅保证市场的有序开发，还起到控制野生动物种群、维持自然生态平衡的作用，保证市场的良性增长。

企业在发展壮大的同时，需要不断拓展新客户、培育新的市场群，以支撑企业规模化发展。美国著名管理学家 Peter Drucker 曾指出：“市场营销是企业的基础，不能把它看作单独的职能。从营销的最终成果，亦即从顾客的观点看，市场营销是整个企业活动。企业经营的成功不是取决于生产者，而是取决于顾客消费，因此市场营销对企业具有举足轻重的作用。”从这里可以看出，前人的企业管理理念是晋升式的、体验式的，他们很早就领悟到，营销不能把消费者和经营者割裂开，而是要他们都有参与感。

销售永远是第一位，这不容置疑。海尔是近代营销理念的受益者，更是成功营销的代表，但不得不屈服于渠道，国美、苏宁、永乐、五星、大中、三联等专业连锁家电零售商的崛起打破了当时的营销格局，颠覆了家电现行的营销模式与理论，对刚刚发展起来的“现代”（现行）营销体系构成挑战与威胁，因为他们的销量已经占到 60% 以上。黄光裕也因此多次登上富豪榜。而且这一数字还在继续增长，使他们的运营成本远低于那些在“现代”营销理论指导下既生产又销售、既做品牌又建网络的复合型企业，把众多成功的“现代”营销企业推入两难境地：要么顺从终端型网络，消除营销成本变成生产型企业；要么与终端型网络一决高低。

现在，国美、苏宁换成了京东、天猫，有订单就是大爷，占据传统营销中的销售主导地位。在营销领域，一个新的概念已经被广泛运用，那就是社群运营。社群的背后，是庞大的消费力，也就是订单。

很多人认为社群就是微信群，在营销领域市场定位就是找社群，找到产品、品牌需要的目标群体。社群使人类从原始人变成有智慧的人，人类是趋于群居的动物，因为互联网，因为科技，人们有了条件，可以因为各种目的聚集在一起进行思维和信息互换，从而造就了现在网上“社群”，所以论坛、博客、微博、微信、朋友圈、QQ 空间这些东西，都叫社群。但广义上说，社群绝不仅于此，很多社群并没有互动，但因为爱好、消费行为、习惯被数据化成群，虽然彼此不认识，没有任何交流，但大家却仍然都是“同一类人”。有关数据显示，2000 年后出生的人中，超过半数习惯于社群消费，同类认同需求成为他们的主要需求，他们真正为自己而活。

确切地说，现在的营销应该是资源整合营销，通过各种营销方式，获得更多客户资源，而且不仅是简单的购买用户，还包括影响消费和市场的媒体等方方面面。现代商业社会的营销主导已经发生了变革。

案例

乐视画饼养鱼掉坑里

乐视被戏称 PPT 公司，但乐视能够快速壮大、膨胀，离不开创始人贾跃亭构建的乐视大生态圈战略规划：以乐视网为核心的视频互联网、以智能电视为核心的家庭互联网、以智能手机为核心的移动互联网、以智能电动汽车为核心的智能交通互联网，乐视在游戏开局大步向前。

我们先来看下乐视的发展历程。乐视成立于 2004 年 11 月，创始人贾跃亭，乐视网正式上线。

2007 年至 2009 年，乐视低价购买了大量的电影电视剧版权，这些版权为乐视未来的飞速发展做了铺垫。

2008 年，贾跃亭投资成立了乐视影业的前身——乐视娱乐投资（北京）有限公司，开始了乐视网的第一次业务外延。

2009 年 10 月，乐视推出云视频超清播放机 818（播放机后来逐渐演变为乐视盒子），开始了第一次硬件试水。

2010 年 8 月，实现创业板上市，成为首家在 A 股上市的在线视频网站。

2011 年，成立乐视影业，将其定位为电影互联网公司。

2012年8月，乐视体育作为乐视网的一个子频道上线。

2012年9月，宣布进军智能电视业务。

2013年5月，正式发布超级电视。

2013年10月9日，收购了花儿影视100%的股权。

2014年1月27日，乐视网与乐视控股共同投资成立乐视云计算有限公司。

2014年3月，在乐视网体育频道基础上，成立了乐视体育文化产业发展（北京）有限公司，乐视体育独立。

2014年初，启动智能手机业务。

2014年下半年，贾跃亭筹备超级汽车项目，在硅谷组建了核心研发团队。

2015年4月，乐视超级手机正式问世。

2016年1月，乐视网与新沃资本等7家公司发起设立新沃财产保险股份有限公司。

2016年2月，乐视首款理财产品乐乐发上线。

2016年3月，乐视小贷公司在重庆揭牌成立。

2016年6月，乐视与广汽集团、众诚汽车保险共同投资成立了大圣科技股份有限公司。

在这段时间，乐视可谓顺风顺水，若按照传统企业运作模式，乐视应该只能是一个买卖版权、做做视频、搞搞影视，或者生产电视、手机的公司中的一家，任何一家公司能把其中一项做好，就可以笑傲江湖了。但乐视不是，它在互联网时代，将这些内容全部互联了，构建了一个超级大平台，希望与BAT比肩。

也正是因为这样的规划，让乐视画了一张巨大的饼。

按照乐视设想，乐视影视可以宣传自家的红酒网，可以宣传自家的手机，直接在电视中传入红酒和手机的广告，同时提高乐视手机的知名度，提高乐视网的人气。而乐视手机销量大了，通过利润转移，提高上市公司乐视网的盈利能力，放大资产。乐视网强大的盈利能力又能给乐视集团带来深厚背景，同时可以套出大量现金流，为乐视手机、乐视电视背书，给合作伙伴带来巨大的信任感和安全感！同时银行也愿意给上市公司乐视提供贷款。以乐视网这一强大的明星上市公司为依靠，乐视手机和乐视电视在市场飞速成长，于是乐视集团又控制了大量终端用户入口，这又积累了人气，获得了品牌效应。而整个乐视集团，有强大上市公司，有影视宣传公司，有手机终端，有电视终端，有体育公司，有视频网站，这些公司互相帮助提升，都实现了迅速做大做强。于是乐视老总贾跃亭在极短的时间积累了千亿级大量财富。

其实，营销就是规划蓝图，形成消费市场预期，培养更多用户和群体，这并没有错，但乐视并不是挖鱼塘，而是在造海，而且是太平洋那样的规模，在这个巨大的海洋里，却没有真正形成海洋生态圈，只是放了一些巨大的鲸鱼，还是观赏性质的。

所以在遭遇资金危机后，乐视就出大事了！

营销生态系统的新概念

在销售领域，有一句最常用的话语就是：“杀熟。”所有营销工作的目的都是让客户埋单。社会化营销则不然，其核心在于“养熟”，培育客户，形成更多消费群，并基于此形成多种产品、服务消费形式，从而打造一个商业生态体系，形成消费群、社群，让消费者成为生态体系的一部分，营销则是构建生态体系的核心。

消费社群不再局限于地域或者血缘亲情模糊概念，而如今互联网大数据的形成让营销生态系统建立成为可能。

消费者只需要轻点鼠标或手机屏幕，就能随心所欲选择任何渠道、任何时间和地点购买商品。并且，消费者更相信自己社交圈子里的好友、同事、亲友、同行或网友提供的各类消费建议。每一个消费者都能和素未谋面的其他消费者进行交流，形成消费社群。微商就是借着社交软件迅速崛起的商业模式。

如前所述，“双 11”是人类商业历史上最大的营销事件，但淘宝最大的成功不仅在于创造了销量纪录，而是构建了一个为企业、商家提供全新领域的销售渠道体系，并以此围绕各方面需求，打造了全新的市场生态体系，可怕的是，这个生态的“上帝”是马云，在这一生态体系中，马云、淘宝、天猫、支付宝创造了众多追随者。

马云创造“光棍节”，被认为是“中国电商产业最天才的发明，没有之一”。历史上，与之呼应的“人造节”非常多，其中最有名的当属端午节。依据南朝梁人吴均的《续齐谐记》记载，端午节可能是纪念屈原的。这个节日日后又如何逐渐发展成“龙舟竞赛日”呢？有人考证，实际上龙舟竞渡早在屈原之前就已经存在，春秋之前吴越一带就有以龙舟竞赛的形式举行部落图腾祭祀的习俗。

端午节两大主题活动“吃粽子”和“龙舟竞渡”实际上都与古代百越民族以龙作为图腾有关。将粽子投入江中是为了祭祀龙神，而赛龙舟也是一场盛大的图腾祭。可见，“人造节”并不是人们拍脑袋决定的，其中蕴含了很多深层次的道理。而屈原的形象，一是文化艺术上的伟大诗人，二是忠君爱民的爱国主义者。当他的形象与“吃粽子”“赛龙舟”联系起来，就赋予了“端午节”以现实层面的意义。换句话说，屈原的故事让端午节“落地”了，同时民间的传统又让端午节有了其独特的文化气质。

看看今天的营销案例，很多新营销生态系统都发端于线上，扎根深入群体则着眼于线下。如果将端午节中祭祀龙神比作线上营销有些牵强，那么屈原沉江就成了线下有理可依的事实论据。2018 年，新零售的崛起就是营销生态系统变革的代表。这种渗透着线上线下的策略，营造的是更为深层次和更为庞大体量的生态圈。与“端午节”渐渐形成体系和规模一样，如今的商业生态系统也在发生着“自动修复”的自然过程，线上不完美，线下有局限，这都不是问题，问题是如何去融会贯通。

2016年，马云在杭州云栖大会上提出未来五大新趋势：新零售、新制造、新金融、新技术与新能源，并称未来这五个新的发展将会深刻地影响到中国、世界，及未来的所有人。其中就第一个新——新零售，他说，纯电商时代已经过去，未来十年、二十年没有电子商务这一说，只有新零售这一说，也就是说线上线下和物流必须结合在一起，才能诞生真正的新零售。

因此，新型市场生态体系催生了全新的商业生态体，也不断侵蚀和替代传统商业体。但按照马云新零售概念，未来商业的最大趋势是线上线下相结合，也就是线上商业体与线下实体商业的融合，将产生更为巨大、更为复杂、庞大的生态体系。

现在看来，以往电子商务冲击传统产业的说法也将过时，电商与线下实体商业两大生态体系已经开始融合成全新的商业体，由原先的独立、冲突，走向混合、融合，通过精准化、体验为主的模式去了解消费者，满足并引导消费需求，以实现消费升级。对零售商而言，也能通过预测消费数据，把控生产，实现零售升级，融合成更大更全的商业生态体系。

反过来看，京东是目前中国排名第二的电商巨头，过去是一家知名的电子商品零售商，但是现在，京东的电商业务已经扩展到了进口食品、奢侈品、化妆品、iPhone 等各种商品范畴。不仅如此，他们还和两大股东——中国互联网巨头腾讯和沃尔玛建立了强大的联盟。

这几年，电商疯狂侵袭着传统零售业的领地。在过去的几年间，互联网迅速普及，网民规模迅速扩大，让电商获客成本直线降低，租金上涨和客流量减少，让线下门店陷入尴尬。事实上，不只是线下门店在面对挑战，电商也要面临利润减少和获客流量减少的问题。

在早期，最先被电商化的零售产品是图书，图书产品高利润，高标准化的特性，高度符合零售电商化的特性。当当网就是以图书为切入点壮大上市，并成功将这一零售品类实现电商化。紧接着，3C、服装和美妆等品类也陆续移植到线上，大力蚕食着线下门店的市场份额。

在全新的商业生态下，市场格局由剧烈变革趋向稳定，形成全新的商业规则。

一旦生态商业链走向成熟，就会形成全新的商业体的稳定期。换而言之，电商中能够获取较大利润的产品几乎都被做遍，每个平台都在想办法提供更低的价格和更好的服务，想产生新的电商平台已经几乎没有可能。

事实上，不只是阿里巴巴，如今，各个互联网巨头都在紧盯着“新零售”这块肥肉。网易严选也办起了酒店，京东入股了永辉超市，牵起了沃尔玛的小手，顺道还开起了实体超市，美团也玩起了掌鱼生鲜，就连号称专做线上的小米也不慌不忙地开起了“小米之家”。

其实，本质都是一样的，都是希望在互联网红利的天花板到来之前，尽快寻找到新的突破口，实现线上和线下的完美融合，进而打造一个全新的商业生态体。未来真正的营销，必须遵守和运用全新的生态规则，来为企业服务。

新媒体技术带来营销新变革

社会化营销在互联网、电商时代大放异彩。

结绳记事起，人类就已经开始传播信息，从象形文字起，人们就开始尝试各种传播媒介，有甲骨、金鼎、竹篾、图片，最早人们还通过烽火传播。随着纸张、印刷业的发展，才真正形成成熟稳定的媒介。

现在媒体涵盖了所有数字化的媒体形式，包括所有数字化的传统媒体、网络媒体、移动端媒体、数字电视、数字报纸杂志等。其相对的概念是由报刊、广播、电视等传统媒体发展起来的新的媒体形态等。

为什么叫新媒体？因为媒体太广泛，已经无法用词语来概括，最好的则是“新”。新媒体也是一个宽泛的概念，大体上是指利用数字技术、网络技术，通过互联网、宽带局域网、无线通信网、卫星等渠道，以及电脑、手机、数字电视机等终端，向用户提供信息和娱乐服务的传播形态。

北京大学新媒体研究院院长谢新洲曾撰文：未来新媒体发展极有可能引发整个社会出现六大变革，即可计算的未来、虚拟与现实的融合、社会结构的变革、商业即服务、知识与智能的社会化传播和促进人的变化。

在这六大变化当中，可计算的未来在新媒体营销中被广泛实现和应用。

随着移动社会化媒体的广泛应用、物联网的广泛覆盖，人与人、物与物、人与物之间的连接越来越多，世界变得越来越小。同时，随着大数据处理能力和云计算技术的日益成熟，人们对于海量数据的计算能力会越来越强，未来不再神秘和充满不确定性，一切都变得可以计算，基于大数据挖掘的预测应用会越来越广泛、越来越准确。

营销决策是企业最大的经营风险，对于企业而言，可预见的营销投放效果则是风险最小化。我们可以试想一下如下景象：智能决策系统在人们犹豫不决的时候，推荐最优的决策方案；智能健康设备实时收集人的身体数据，并与医院进行有效对接，对健康问题进行实时的管理和更科学准确的预测；强大的社会计算能力使政府广泛有效地收集民意，准确把握国民经济、社会发展的现状，精确预测疾病疫情、灾害灾难、能源消耗等趋势，政府服务与管理将更加高效；企业能够通过对大数据的处理，准确预测公众所需所想，制订更加精准的生产、营销计划。

首先，新媒体的出现打破了传统媒体的垄断，人人都是媒体，人人都是渠道，人人都是意见领袖。

由于互联网信息的时效性、快捷性和节约性等特点，网络媒体可以通过互联网高速传播以及实时表述相关信息，因不受印刷、运输等因素的限制，信息上网的瞬间可同步发送到所有受众手中。相较传统媒体而言，在网络媒体上发布信息、做广告具有更快捷、周知范围更广、价格更便宜（在自己网站做广告甚至不用什么费用）等优点。因此，与传统企业形象塑造相比，用网络媒体来树立和提升企业形象的方法能够节省大量的时间、人力、财力和物力。正因如此，越来越多的企业正将业务转向新媒体，以期借此传播美名、创立品牌、树立信誉。随着新媒体的不断发展，利用互联网门户网站或自己的网站发布信息或做广告无疑是企业传播信息、展示形象、塑造品牌、扩大知名度和美誉度的一个最好的、最经济的渠道。

其次，基于传统媒体和传播资源优势被打破，让营销传播变得更为廉价、便捷和自由，实现了人人营销、全生态传播。在此基础上，中小企业是新媒体营销的率先使用和引领者。

企业为增强市场竞争力和提升品牌实力，逐渐意识到宣传工作的重要性。由于中小企业规模小、资金力量单薄等诸多方面原因，与同行大企业的竞争处于劣势，这让很多企业主感到心有余而力不足。

市场走向细分化趋势明显，消费者的需求也越来越个性化和多样化，以往单一的营销渠道已经不能全面覆盖企业的目标群体。过去，企业只会花很多钱建一个官网，不定期发布动态或产品信息，然而网站推广效果并不理想。

如今的新媒体提供了不少的免费开放平台，利用微博、微信、百度百科等平台，把创造的好内容和好声音传播出去，还拥有自己的流量数据，可以降低不少经营成本，实现多方位的传播，获得更深层次的合作互动。企业可以充分发挥新媒体的作用，把想要宣传的意识和文化根植于客户的心灵，从而提升客户对品牌的认知度和忠诚度，与新老客户建立情感联系。另外，青年员工是中小企业的主力军，搭建这样的新媒体平台，不仅可以丰富他们的业余生活，还能够引导他们的思想、生活乃至工作方式，使得企业长期保持活力并健康发展。

如今，新媒体营销基于大数据，让营销变得数据化以及量化，以便及时掌握市场。越来越多的平台开始推出营销工具，核心就在于辅助企业营销决策、做好统筹管理和跟踪效果，以便及时把控互联网营销风险。生意参谋是阿里巴巴为商家提供的数据工具，推出后就得到了相当好的效果。来自生意参谋的数据显示，天猫“双11”当天，生意参谋数据被商家调用了114.78亿次，每位商家平均访问时长超过93分钟。

天猫“双11”当天，不仅有媒体普遍报道的全天猫的数据大屏，各商家也有由生意参谋为其量身定制的自己的数据大屏。实时跳动的数据，成为各商家精准决策的最可靠依据。生意参谋还与钉钉共同推出“双11云端作战指挥部”，商家可以随时召唤生意参谋机器人，精准、适时地获取大量动态和异常信息，快速发起协同办公跟进处理。

最后，值得一提的是，新媒体营销带有强烈的人性互动色彩，高度碎片化、千人千面的传播技术，伴随的是十万计、百万计、千万计的粉丝和点击。

案例

新媒体今日头条的迅速成长

今日头条是新媒体以及自媒体发展的代表。

我们都知道，今日头条是一个个性化信息推荐平台，基于大数据和人工智能，做到信息推荐的千人千面。2017年6月数据显示，今日头条日活用户超7700万，月活用户近1.8亿，日均使用时长超76分钟，日均启动次数超13次，如此活跃的数据，出现在一个新闻信息类应用实属罕见。也正是这一开创性算法，奠定了今日头条的市场基础。

对于新媒体的发展，现在行业人士的共识是：微信公众号和今日头条分别从分散订阅和集中推荐两个相反的维度开启了媒体变革浪潮。前者让每一个体都具有媒体的能力，后者让用户避开编辑思维直面自己兴趣。在两股力量的推动下，自媒体浪潮汹涌蓬勃地发展起来，就像欧洲文艺复兴带来了工业革命到来一样，这波自媒体浪潮会将国家带入全新的创新型发展进程。

根据张一鸣（今日头条CEO）在最近演讲中透露的今日头条数据，可以看到新媒体的迅速成长：

（1）到2015年，今日头条用户日平均使用时长达53分钟。

(2) 今日头条已经与超过 2000 家媒体机构展开了合作，超过了现有的门户网站合作规模。

(3) 在今日头条每天新增被推荐的内容达到 22613 篇次，历史累计阅读量达到 1 亿次的媒体已经有 74 家，超过 5 亿次的有 10 家，其中 1 家超过 30 亿次。

(4) 由媒体机构生产，在今日头条平台上分发的内容，共有 60375 篇阅读总量达到“10 万 +”。在今日头条上，爆款的底线是“100 万 +”，2015 年，媒体机构产生的“100 万 +”内容数量有 4612 篇。

(5) 媒体机构所发布的 598 万篇文章，总计被收藏 2 亿次，产生 6630 万条用户评论，被分享到包括微信、微博等社交平台的次数达到 1 亿次。

(6) 目前“今日头条”上的资讯中有 70% 以上来自头条号平台，包括传统媒体机构、政府、企业、个人在内的超过 3.5 万个创作者，另外不到 30% 的内容来自版权合作的途径。

与之相对应的是，新媒体广告推广或者引流模式的不断升级转化，带来了新媒体全新商业模式。

有关数据显示，其信息流广告的营收，2016 年 60 亿元，2017 年 150 亿元，2018 年 300 亿 ~ 500 亿元，2020 年的目标是 100 亿美元。今日头条的收入目标呈几何级增长。近年来，这家公司的销售团队迅速扩大，以消化经营任务。然而这个收入规模相对于多达6万个头条号平台而言，4200元（营收平均到每人每月）的人均产值依然微薄，不足以构建一个强大的内容生态。

艾瑞咨询发布的报告曾预估，信息流广告的规模在2017年有望达到557亿元，而这一数值到2019年将攀升至1425亿元。如果到2020年，今日头条的信息流广告收入真的能做到100亿美元，就意味着它将收割接近一半的信息流广告收入。

因此，今日头条需要进行更多商业化尝试，以寻找到适合的高效营收模式，以支撑其现有目标体系。

大时代下的内容营销

新时代、新生态，无处不营销，营销处处在。得不到的和失去的是最好的，这是人类的天性认知。

（1）最早的原始媒体传播被统治阶层垄断，官办内容隔绝了商业营销可能。

在历史上，媒体内容最早来源于朝廷的邸报、邸抄，定期把皇帝的谕旨、诏书、臣僚奏议等官方文书以及宫廷大事等有关政治情报，写在竹简上或绢帛上，然后由信使骑着快马，通过秦朝建立起来的驿道，传送给各郡长官。但有史可依的中国最早的报纸，起源于唐朝的邸报。邸报是中国古代报纸的统称，但这个称呼出现，是从宋朝开始的。

所以，从理论上说，最初媒体传播内容属于官方、半公开信息内容，而且仅限于达官贵人知晓，是为宣导朝廷政策产生，带有强烈的阶层和贵族意识，草根偷看还得受到重罚。

（2）近代新闻媒体展现的是职业化新闻内容，营销载体内容与形式单一。

近代真正报纸出现后，有了各种寻人、求购等实用性信息。加上报业人“铁肩担道义、妙手著文章”的新闻职业追求，一直有道红线：广告是广告，新闻是新闻。追求新闻的客观性被誉为媒体的生命和价值所在。当然，现在媒体创办和经营理念已经在变革，开始着手服务于某一群体、代表一个阶层或群体发声已经实际存在。

也正因如此，广告主更希望通过新闻形式来报道、宣传，增加广告内容的真实、权威、专业性，通过媒体背书，以达到最大推广效果，但显然付出的成本和代价巨大，社会风险也巨大。

在互联网时代，新闻转变为快餐式资讯，新闻传播内容与商业营销的界限日益模糊。

消费者更多通过自己的信息渠道进行自我判断和评价，造成自媒体资讯内容泥沙混杂，“信者偏执，疑者不屑”两极分化，而媒体传播内容广告与资讯红线也变得模糊。

正是这样的环境下，传统新闻阵地开始被自媒体所攻占。猎豹全球智库报告显示，在新闻领域，个性化已经成为新闻的趋势。从全年涨幅和降幅来看，以个性化推荐为最大亮点的今日头条发展势头迅猛，逐渐超越传统的新闻客户端。在全年综合排名上，今日头条的市场份额一路猛涨，已经完全超越腾讯新闻。

（3）技术驱动型开始成为内容营销的核心和关键节点。

技术是互联网发展的核心推动力，因此对于新闻客户端而言，技术才是关键。尽管四大门户的版图越扩越大，运营人员不断增多，但是他们的技术人员不断被压缩，反之，今日头条这种技术公司的技术人员不断增多，随着时间的推移及环境的不断变化，势必优胜劣汰。同时，越来越多的传统媒体人介入或者直接入驻今日头条用户端，此消彼长，带来的马太效应必将凸显。

2015 年 12 月 15 日，第三方数据机构 TrustData 公司发布了 2015 年 1 月到 10 月的中国移动互联网新闻客户端发展分析报告：2015 年新闻类应用日均活跃用户覆盖率从 10% 左右增长到约 14%，用户规模上升约四成。其中，腾讯新闻和今日头条组成的第一梯队指数得分与第二梯队差距较大，基本上在 5~6 倍。

在新闻类应用月度覆盖率方面，腾讯新闻以 13.97% 的月度覆盖率列第一位，今日头条以 6.77% 的月度覆盖率紧随其后。在月度使用时长占比上，今日头条以 0.750% 的占比列第一位，腾讯以 0.618% 的占比列第二位；两者是第三到第二十位总和的 3 倍之多，差距极大。

在新闻类第一阵营中，今日头条和腾讯新闻竞争也非常激烈。两者日均活跃用户覆盖率方面也有些许差异。2015 年 1 月到 10 月，腾讯新闻的日均活跃用户覆盖率一直徘徊在 6% 附近，波动中略有涨幅；今日头条 1 月的日均活跃覆盖率为 2%，10 月增长到 4%，大涨约 1 倍。

在自媒体资讯中，今日头条给予的是读者喜欢的，腾讯主要阵地还是官媒渠道，是属于推送性质，而不是读者自娱自乐性质，所以今日头条能成功并不偶然。

同时，今日头条用户黏性高于腾讯新闻。今日头条平均用户每日打开时长为41.8分钟，在同类型应用中位列第一，高于其他新闻客户端约60%；腾讯新闻平均用户每日打开时长为19.8分钟，不到今日头条的一半。在日均活跃用户数上，今日头条1月的数值已经是腾讯新闻的三成半，10月则达到腾讯新闻的六成半。用户平均每日打开次数上，今日头条是4.62次，列同类应用第一位，网易新闻为3.93次，列第二位，今日头条领先排名第二的网易新闻近两成；腾讯新闻用户每日打开次数为3.13次，列第六位。

相较于腾讯新闻，今日头条的用户使用高峰期非常明确，分别是上午8点、中午12点和晚上9点。今日头条更关注汽车用户，比例为1.68%，在新闻类应用中领跑，为全网的2.5倍。

（4）职业化媒体与草根自媒体作者为内容营销形式和方法带来无穷想象力。

不仅如此，今日头条搭建的自媒体平台，造就了众多草根记者、草根专家、民间艺人，还有日益活跃的网红直播，让众多明星加入其中，乐此不疲。

通过互联网技术，人们的生活变得日益便捷和方便，人们的生活越来越多在网上和手机端实现。从衣食住行到柴米油盐酱醋茶，都通过互联网进行了链接，留下了自己的足迹。

原先单个的受众，变成了一组组可见、可触的字符代号，不再是独立体；人们在互联网上的点击、触摸、阅读、观看、点评、游戏、购买、沟通，甚至包括散步、聊天、交流，都成为可追溯、可分析的消费行为，也为营销留下了强大的市场数据。

（5）自媒体是“消费内容”的集大成者。

如果说互联网技术为人们创造了“谁都是媒体、媒介”，传播内容则真正让一批创意、段子手创造了最大的传播价值，发挥了创意的力量。

在某种程度上，传统意义上的文案、广告、营销内容已经不再来源于市场，也不再是单一企划部或文案部，营销经典往往是由众多段子手、自媒体人不断传播、解读、衍变、升华，再形成受众群代入感，从而达到迅速发酵和营销效果。

成也萧何败也萧何。正是新媒体时代“无拘无束、天马行空”，“讨好”式地满足消费者内容传播需求，造成了信息的“虚假、误导、血腥、刺激”，过分追求“标题党”效应，形成了新时代的“假大空”，一时快感充斥互联网和新媒体，为大众所诟病。所以，权威、专业、深度、客观、真实的媒体平台，将变得更加珍稀而有价值！

案例

杜蕾斯与江小白的异曲同工

我们先来看看，让人们一直顶礼膜拜的杜蕾斯文案小结：

2010年，杜蕾斯被利洁时家化（中国）有限公司收购，其在中国市场数字营销的传播加大了力度和广度，并得到业界认可。对于杜蕾斯的营销定位，利洁时家化数字营销市场经理陈慧菱一语道破：因为品类因素，与其他快消品不同的是它不能够做很多公开广告，那么数字就是机会。杜蕾斯的数字营销是全面开花的，几乎覆盖了国内所有的社会化媒体，如新浪微博、腾讯微博、人人网、豆瓣、开心网等。而让杜蕾斯名声大噪的则是微博。“北京大雨鞋子套避孕套”“光大是不行的”“薄，迟早要出事的”等精彩案例，就是出自杜蕾斯策划团队——环时互动之手。把握热点之准、反响之快、创意之巧妙，实在令人拍案叫绝。

(1) 2011年，北京一场大雨淹没京城。杜蕾斯想出将避孕套套在鞋子上防雨的创意。该微博一经发出，一个小时内转发过万次，成为当年经典的营销案例。

(2) 2012年奥运会，刘翔旧伤复发，跨栏摔倒，但仍坚持走完全程。杜蕾斯对此发出如下微博：最快的男人并不是最好的，坚持到底才是真正强大的男人！

（3）2013年，光大银行出了一则乌龙事件。杜蕾斯借势发挥，天才般地创作了“光大是不行的”。

（4）2014年，微博上市，杜蕾斯打出如下文案：有杜杜，尽情上！

（5）李娜退役，杜蕾斯速度反应并推出广告语：一路有李，娜就很好。此次借势营销是众多品牌中反应最快、文案最恰当的。

（6）世界杯你熬夜看球冷落了她？没关系。杜蕾斯说了：“‘球’事结束了，欠的床事要还了！”

（7）文章出轨，马伊琍发表声明称“婚姻不易，且行且珍惜”。杜蕾斯说：“有我，且行且安全。”

（8）韩寒的《后会无期》上映，杜蕾斯在微博中发帖：今夜，好戏上演……

（9）冬至那天是全年白昼最短、黑夜最长的日子，所以杜蕾斯的文案是这样写的：今夜最“长”情。

杜蕾斯的大火，始于微博平台。然而，随着微信的兴起，杜蕾斯不再局限于微博，开始以微信等新社交APP为平台，开展各类病毒式活动。

利洁时家化（中国）有限公司市场总监Ben Wilson表示，微信是杜蕾斯目前最重要的社交平台之一。从运营策略来看，无论是日常内容还是推广战役都是以引导粉丝互动为核心，而非内容灌输类的单向传播。通过互动使品牌更加了解用户需求，而用户为品牌提供更多的UGC内容，也能帮助品牌完善自身内容，这些足够表现出微信营销在品牌运营上的优势。

目前，杜蕾斯将旗下微信定位为一个销售平台，分为订阅号和服务号两种：订阅号以游戏、视频等玩乐内容为辅，链接至电商销售产品；服务号则以真人团队陪聊打动用户，开通微信商城销售产品，是以电商为整体线上销售渠道，以移动官网和微信等平台为移动端入口的社会化商务实践策略的典型。

值得注意的是，杜蕾斯所有的线上推广都是为了线下销售而服务的。自2012年起杜蕾斯举办的“X-girl”等一系列活动，都是通过微信、微博发起的线上宣传带动线下参与，每次活动都能吸引近数百名粉丝亲临现场参与体验。杜蕾斯也以其创新方式赢得了用户及行业内外的一致好评。

在社交媒体时代，没有人愿意与冷冰冰、高姿态的企业对话。杜蕾斯官方微博的第一步，就是做拟人化定位。无独有偶，国内另一家被誉为“文案”白酒的品牌，也在一夜之间爆红！在白酒界，有一个品牌被誉为是最懂消费者的白酒，名称就是“江小白”，许多人都说，江小白的文案，每一句都说出了喝酒人的心声。

江小白是重庆一家新生代酒企，成立于2011年。在四川地区异军突起、遍地开花，在竞争激烈的白酒行业中不紧不慢地高速发展，最可贵的是还留有情怀。江小白的文案总是金句不断，令很多广告公司都汗颜，甚至有网友直呼：江小白根本就是一家广告公司！说的也对，江小白是一家只卖20元小酒的公司，但却年赚2亿元。

江小白CEO陶石泉在内部分享时讲道："几乎每一个行业都会遇到市场份额的抢夺，很多创新品牌或企业，会喊着颠覆行业、干掉传统。我个人的观点，绝大多数的行业中不存在去颠覆或者干掉人家，因为几乎在很多品类中都拥有非常优秀的产品。如何去思索做出不一样的好产品，从这个逻辑上要想取得绝对的领先优势挑战性比较大。"

为此，江小白把消费者调研和消费者洞察做得足够深厚，这样产品就出来了。江小白也不断探索能够满足消费者在消费中情感的表达和某一种消费的解决方案。自媒体给了江小白一个机会，因为可以传播出更基于产品的解决方案、产品引发的情感而自然产生的品牌的内容，这样，就可以规避渠道碎片化，解决传统线下渠道和电商渠道细分分歧。这种情况下，江小白的内容营销赋予了产品本身与众不同的市场竞争力、完成了一个好的品牌传播，消费者的主动搜索购买就变得比较多。

陶石泉还透露，江小白拥有特别大的文案库中的素材都来自消费者的创意，从某种意义上看是C2B的形式。消费者端推导过来如何做产品，如何产生消费者的互动，如何去做内容，如何去定义和聚焦消费的场景，满足了私人定制，也让产品成为了一个超级的媒体。

大数据时代的营销成败

毫无疑问，大数据是未来营销的市场蓄水池，在清晰的数据导向面前，市场营销不会再盲人摸象了。

在“互联网+”时代，消费者行为变得更加多样化、个性化，广告投放中想要精准触达目标消费者，就需要大数据的深度挖掘和分析，以用户行为数据构建数据模型，迅速找到精准用户群体并了解清楚其真实需求。当前已有一些专业的广告投放平台，基于每个用户的浏览、点击、购买、评论等行为数据，经过数据建模、分析等步骤，生成多维度数字化的用户模型，在广告投放中针对一系列标签组合的模型来实现千人千面的个性化推荐。在“这千人千面、千人千语、千人千为”的背后，就形成了纷繁复杂的市场大数据。从营销角度而言，大数据主要有以下特点。

一、大数据来源于用户群及其产生的互联网痕迹

当今大数据的来源除了专业研究机构外，与企业经营相关的大数据包括四个来源。

来源一：越来越多地配备了连续测量和报告运行情况的装置。几年前，跟踪遥测发动机运行仅限于价值数百万美元的航天飞机。现在，汽车生产商在车辆中配置了监视器，连续提供车辆机械系统整体运行情况。一旦数据可得，公司将千方百计

从中渔利。这些机器传感数据属于大数据的范围。

来源二：计算机产生的数据可能包含着关于因特网和其他使用者行动和行为的有趣信息，从而提供了认识他们的愿望和需求的潜在方式。

来源三：使用者自身产生的数据/信息。人们通过电邮、短信、微博等产生的文本信息。

来源四：现在音频、视频和符号数据量最大。这些数据结构松散，数量巨大，很难从中挖掘有意义的结论和有用的信息。

此外，越来越多的大数据已经不是传统意义上的消费行为，而是广大用户在各大平台、各大网站、各大 APP 所留下的一切，再以此生成用户印象和行为。社会化营销依赖的就是消费个人的社群化、社会化，人们无论何时何地，都被各种技术、信息所联系。

以 Internet 为核心的大型公司，如 Amazon、Google、eBay、Twitter 和 Facebook 正使用后三类海量信息认识消费行为，预测特定需求和整体趋势。第一类数据可能产生较少的业务，但可以推动某些经营模式实质变革。例如，将汽车传感数据用于评价司机行为会推动汽车保险业的深刻变革。

二、大数据主要作为营销参考数据

大数据时代之前，企业多从哪些平台提取数据？利用哪些营销数据？一般是 CRM 或 BI 系统中的顾客信息、市场促销、广告活动、展览等结构化数据以及企业官网一些数据。但这些数据是被多次加工、整理的二次、三次信息，已经不能反映真实市场，而且数据显得冰冷而缺乏生动，信息只能达到企业正常营销管理需求的 10% 的量能，并不足够给出一个重要洞察和发现规律，所以寻求第一手、消费者最初的信息源越来越为企业所重视。

现在网店和电商销售，最基本的需要是信息和数据沉淀，这也是最基础的工作。原先只有包括沃尔玛、家乐福、麦当劳等知名企业的一些主要门店，才安装了搜集运营数据的装置，用于跟踪客户互动、店内客流和预订情况，研究人员可以对菜单变化、餐厅设计以及顾客意见等是如何对物流和销售额的影响进行建模。这些企业可将这些数据与交易记录结合起来，并利用大数据工具展开分析，从而在销售哪些商品、如何摆放货品以及何时调整售价上给出意见，此类方法已经帮助这些领先零售企业减少了 17% 的存货，同时增加了高利润率自有品牌商品的比例。现在，这已不再是这些企业的专利，而是新型电商时代商家的标配。

人们从物质短缺到高度过剩，信息也在大爆炸时代高度过剩，有价值的信息却变得异常珍贵。用户想要从庞大海量的数据库中提取对自己有用的信息，就离不开大数据分析技术和工具。今天一个优秀的大数据系统更能将数据挖掘技术与现有技术很好地结合起来，将特殊领域的商业逻辑与数据仓库技术集成起来，找出对未来企业战略具有影响的因素，使数据挖掘的分析效果和效益尽可能达到峰值，让企业营销管理能“运筹帷幄，决胜千里”。

三、大数据更多运用于品牌推广

目前对于众多用户而言，大数据应用的目的在于让营销更精准，具体体现在精准锁定客户、精准定制产品、精准信息推送、精准推荐服务和精准跟踪消费反馈以便改进。通过数据可以对用户的各种信息进行多维度关联分析，从大量数据中发现数据项集之间有趣的关联。比如，通过发现用户购物篮中不同商品之间的联系，分析出用户的其他消费习惯，从而有针对性地制定营销策略。

谁是准确的目标受众？如何在合适的时间、合适的地点、以合适的方式传达给消费者正确的信息？随着数据搜集、存储、管理、分析、挖掘与应用的技术体系的发展，这些问题的答案已经显现于眼前。

数据挖掘与分析将隐藏于数据汪洋中的瑰宝打捞而出；各渠道数据融合提高了精准营销的准确度；可视化技术把复杂的数据打磨为直观的图形，使之成为浅显易懂、人皆可用的工具和手段；完备的数据服务器集群提供强大稳定的数据计算能力，实时洞察消费者行为，及时响应；移动终端的普及，让数据分析随地可行……大数据营销使得营销行动目标明确、可追踪、可衡量、可优化，从而造就了以数据为核心的营销闭环，营销行动得到良性循环。

在大数据出现后，营销人、媒体机构都是逢人必谈大数据，而且都是以亿为单位的当量，千万级都上不了台面。但实际上，有效数据和运用的数据价值，并不在于此。

四、大数据缺乏精细、专业的运用平台

数据呈现出多样性、复杂性的特征。一方面，互联网不但产生文字资讯，同时也不断在产出与以往不同的数据，如照片、视频、微博等；另一方面，IT 遍及工作生活中的各个角落，各种各样的传感器、监控器也不断产生，各种机器资讯数据的形式日趋复杂、多样，从结构化数据到非结构化数据不断转化。这就催生了对大数据技术的强烈需求。

美国学者杜赞奇（Prasenjit Duara）曾在其著作《文化、权力与国家》中提出，传统中国社会基层有自己的文化网络，调节了各方的权力，维持了民间的自行运转。而这种“文化网络”就像现在的“大数据技术”，有其自我调节的运行准则。

可以说，目前大部分企业经营决策面临的最大挑战不是缺少数据，而是数据太多，没有了运行这些大数据的准则。面对这些只是静态、孤立、无多大参考意义的“初级品”的信息数据，企业信息部门如何通过系统功能来有效利用和整合，发掘有价值的数据，给公司营销管理提供决策支持，已成为摆在企业信息部门及其他管理部门面前的难题。

五、专业平台让大数据市场价值变现

庞杂的大数据，就如浩瀚大海与宇宙星辰中的瑰宝，但却让许多人隔着一层“玻璃”，而且是“钢化玻璃”，只能艳羡而不能变现。

正如一些人士所分析，互联网给了人们巨大的商业机会，造就了BAT和依托此生存的新生代商业体，改变着社会生态，但同时也造就了一个个巨大的互联网泡沫，越来越多企业死在互联网、电商大潮下，成功变得越来越难，烧钱、短命的企业和平台越来越多，却没有产生实际的价值，不断浪费、消耗着投资人的钱以及社会资源。大数据也是如此，数据越大，越难以把控，就如当今的信息大爆炸，反而让大家变得茫然。

每个人都在谈论数据、大数据、数据分析和大数据分析，大数据给我们带来的期待被过分夸大。供应商、分析师、顾问、专家和博主等都试图把这些词塞到他们的营销宣传内容中。许多人对此投入大笔资金，他们相信大数据将以某种方式抚平现代营销的碎片化和疯狂的景象，但不知道通过何种方式将大数据转化为更多的客户。市场营销真正的数据革命将不会是一个任何人都可以通过购买一些软件、雇用数据分析师、提供一个充满数据的云平台就能轻松应用的过程。为此，越来越多的大数据应用平台异军突起。“人类正从IT时代走向DT时代”，阿里巴巴集团创始人马云在各种场合都不遗余力地推销自己的观点，信息社会已经进入了大数据（Big Data）时代。

要利用所有的数据，而不再仅仅是一部分。大数据的简单算法比小数据的复杂算法更为有效，即用混杂性代替过去所谓的“精确性”。大数据的核心是预测，更看重相关关系，即让数据发声。

不可否认，虽然百度竞价饱受诟病，也面临诸多挑战，但我们无法否认其作为大数据营销先行者与成功者的营销地位。2014 年以来，中国网络广告市场的信息流规模一直在不断增大，2016 年达到了 325.7 亿元，未来仍将保持 50% 以上的增长。百度信息流基于手机百度、百度贴吧、百度浏览器的大数据分析，精准分析用户需求，将信息更加精准地推送到用户面前。把广告内容与媒介环境融为一体，广告即是内容。

随着科技的发展，人们现在获取信息的方式更趋向于移动化，同时从传统的“人找信息”转成“信息找人”，广告信息的推送也更加人性化，基于用户的习惯搜索，将有针对性地向潜在受众进行软性推送。当下传统关键词商业变现的流量竞争越来越激烈，商业搜索广告环境的限制越来越严格，客户获得百度精准展现机会越来越难，在这些背景下，信息流应运而生。

现在阿里云、腾讯社交、今日头条等都致力于各自平台营销大数据建设，并向人工智能化升级，大家都在依托技术，构建新的大数据商业模式，以实现自身市场价值和社会效益。

在庞杂的大数据营销下，企业需要越来越多的服务工具，帮助企业熟练掌握运用大数据资源，所以现在市面出现各种媒体整合平台、数据监测系统、效果反馈系统以及其他相关智能化平台，这可以有效帮助企业快速切入市场。

新技术的大量出现，永远是一个新时代到来的前兆。对于很多企业来说，不具备做大数据和人工智能的条件时，找到相应的第三方服务是一个很好的选择。

案例

丰田数据营销大转型

现在越来越多的广告大户，开始采用大数据营销，一汽丰田也开始强势进入。

据了解，一汽丰田大数据精准投放项目，目前已经与市场上6家主流门户（搜狐、新浪、腾讯、网易、凤凰、今日头条）、5家主流视频（优土、爱奇艺、腾讯视频、搜狐视频、乐视）和4家汽车垂直媒体（汽车之家、易车、爱卡、太平洋汽车）完成了技术及数据的无缝对接，已然为一汽丰田提高了最强大阵容的数据池，可以实现一汽丰田从DMP到第三方技术公司，再到媒体的数据互通，形成了三者之间的cookie数据、人群标签两两交换的数据优化闭环。三方间的数据不断互换校正，使得一汽丰田在广告投放中可以越来越准确地找到目标受众，同时可以根据不同用户所属的人群组，采取相应的投放机制，进行“千人千面”投放，对于唯一车型关注用户、多车型关注用户、未标识用户进行不同机制、不同素材的轮播推送，同时配合跨媒体频次控制等一系列优化手段，使得广告投放更有效率，最终有效助力销售转化。

此外，在一汽丰田官网上我们可以看到，其汽车销售有限公司2016年就开始发布“双微平台营销大数据导入业务招募公告”。在公告中已经明确注明出于公司业务发展需要，为适应“互联网+”大环境，提升新媒体、自媒体传播效率，一汽丰田汽车销售有限公司对双微平台（微博、微信）营销大数据导入进行公开招募，功能主要是为一汽丰田双微平台投放策略优化、热点话题追踪、双微平台口碑监测。

在2017年“双11”期间，一汽丰田传播主题为“清购物车、抢丰田车”，营销范围不仅是相对传统的天猫旗舰店，还包括汽车之家、易车等垂直媒体。

这次“双11”，一汽丰田以自己的官方平台为核心（包括官方网站、微信公众号）进行销售。一汽丰田自建的核销平台发挥了巨大的作用，将线索、订单、购车等数据与媒体、官方平台完全连通，可以实时跟踪、分析用户状态，有助于形成销售闭环，促进意向客户转化。与此同时，一汽丰田还结合不同的生活场景，与多家头部APP、智能硬件企业合作，通过大数据分析手段，精准定位意向用户群，并与之产生互动，引导用户到一汽丰田官方平台消费，获得不少增量客户。2017年11月9日正式发售当天，整车订单接近11000份，30000张保养券和5000张零件券在当天全部售罄。在给力的销售政策基础上，传播也颇有亮点。一汽丰田制作了名为“比清空前任更治愈的是……”病毒视频，以女友“双11”前分手为故事基调，以电商疯狂购物的各种槽点引发共鸣，引出一汽丰田“清购物车、抢丰田车”主题，在营销群和汽车圈引发疯狂转发。

第七章

大变局下何去何从

7

“

营销作为日益复杂的商业行为，涉及层面只会越来越多，承担的职能和功效也会经历世变，顺势而为才是这个时代营销的主旋律。企业部门构架、广告传媒公司的属性都将因新技术和新媒体的发展而变化，平台化的协同营销、数据化的分析研究、人工智能的个性推荐将会普及每一个企业。

”

对于市场营销来说，数据量大首先意味着企业有更大的可能性，通过分析这些信息深入渗透到顾客群和市场中，了解顾客需求、创造新的消费需求，从而不断扩大业务。

罗纳德·巴赫曼（Ronald Bachmann），《大数据时代下半场》

营销策划起源于西方国家，也是在近代商业经济高度发达后的舶来品。但营销行为，中国人已经践行了几千年，而且不是在商业领域，而是谋国，营销国家品牌与治国理念，设立了“为天地立心，为生民立命，为往圣继绝学，为万世开太平”的营销目标，这可以说是史上营销人最崇高职业定位。

其中有开府建衙的宰相执政，有的官拜客卿，也有擅长谋略的谋士，更有各类纵横家、谋略家，包括明清时期盛极一时的师爷，他们都承担和扮演着营销人的职业角色。他们为帝王设立治国目标，构建国家品牌理念，设定营销路径，并为此目标出谋献策，整合各类资源与人脉为此服务，最终实现国家、社会、帝王以及个人目标。从夏、商、周，到春秋、战国，特别是在分裂与统一过程中，幕府、谋士集团往往成为最重要的力量，甚至决定着国家和民族的未来走向。

现今，行业中越来越多地传来营销难做的声音。作为一个立体而需要专业的事来说，什么时期都没有容易做的营销，对于从业人士而言，难做的不是营销，而是面对营销的心态，“做事、做市、造势”是一个成功营销人应该具备的素质，知人识势、顺势而为则是企业营销成功的前提。营销作为日益复杂商业行为，涉及层面只会越来越多，在各个领域，承担的职能和功效也正经历巨变。过去在专业公司里流传的术语，现在的企业都必须自己要理解和掌握，营销不再是一个行业的专属，而是要参与这个链条上的所有环节才能让其大放异彩。顺势而为才是这个时代营销的主旋律。

企业市场营销部门的定位

古人也许没有营销人这一说法，但中国的先知们，在几千年前就能运筹帷幄，亲身实践目前成熟运作在商业领域中的营销策划。

最早的营销被简单归结为个人，而不是团队。

在这当中，姜太公应该是有文字记载以来最早用营销实现自我品牌塑造，最终完成奠定周朝600年基业的“营销人”。

姜太公，又名姜尚，就是大家熟悉的姜子牙，商朝末年人。当时，姜子牙从玉虚下山，属于阐教学派。可是当时最红的却是截教学派的碧游，当朝太师闻仲就在那里结业，从那里下山的高手纷纷在朝廷重要部门任职，如魔家四将、陈奇、丘引、胡雷、余德、余化等，此时阐教多被压制，寂寂无名。

姜太公到商朝应聘却并不得重用，甚至被排挤出朝歌政坛，胸怀大志的姜尚索性辞职，再加上之前有过几次创业失败的经验（开饭馆赔钱、卖米面赔钱），再无人敢用他，好不容易娶的老婆也离了婚。

后来，太公来到西周，在溪边垂钓，以直钩钓鱼，塑造了一个“姜太公钓鱼，愿者上钩”的个人品牌传播噱头，吸引了西岐负责人姬昌的关注，最终以“山野高人”的身份被聘请出山辅佐西周，成功塑造了太公职业品牌形象。

出山入职后的姜太公，根据西周实际情况，分析纣王商朝以及全国八百诸侯的整体市场环境，最终设定联合八百诸侯、推翻纣王统治的商朝政权战略目标。为此，姜太公充分发挥营销人的作用，首先，以“凤鸣岐山”进行传播，为西周营造了一个良好的市场前景，让各界相信西周将为天下共主；其次，内部历兵秣马，内修国政，强大自身；再次，不断与诸侯国建立合作，输出自己（治国）品牌理念，获得市场认可；最后，八百诸侯齐聚，牧野之战打胜决定性战役，成功让西周逐鹿成功。

没有营销部门，谋士专长却不断细分、细化，形成原始的营销分工和组织。

也正是姜太公的成功，让后来营销人有更为广阔的舞台。春秋战国时期，各种谋士、谋略家、客卿粉墨登场，他们游说国君，提出各自营销战略与思路，形成了中国极具特色的谋士集团，三国时期更是成为谋士（营销人）的经典战场。在这当中，西周姜太公，春秋范蠡，战国商鞅、张仪，三国诸葛亮、庞涓，等等，都成为古代营销人的佼佼者。

他们虽然任职部门、职位不一样，但分别承担着各种不同的营销职责，有的人擅长战略制订，有的人擅长内部营销体系建设，有人擅长公关，有人擅长排兵布阵，还有人擅长情报收集与分析，更有人擅长宣传造势。《战国策》中就有策士、游士、说客、辩士、门客等类型，不一而足。

天时、地利、人和更是成为这些营销人所必须掌握的专业知识，他们也将此发挥得淋漓尽致。姜太公、诸葛亮以及后来的刘伯温，都是被神话了的谋士，但谋士实际上就是“营销人”，他们被描绘得无所不知、无所不能、掌握天下大势，以“天下”为市场，以“君国”为企业，以大众为用户群，以“理念”为产品，以纸笔为宣传喉舌，以江山为销售目标。

但我们可以肯定，姜太公、诸葛亮、刘伯温只是营销人的缩影，是整个营销团队的写照。他们的背后，有一大批分工细致营销人在为整个机构运作提供各种营销服务，他们只是营销人的领军人，将营销做得更专业、营销体系建设得更完善，营销目标执行得更彻底，最后跟随君王获得成功，实现个人社会营销目标。

所以，古时候的营销部门，丞相府、内阁、幕府、客卿等，可以算是最早的营销部门。这些营销大咖们，连国家营销都如臂使指，商业营销就更是小儿科，如成功隐退的范蠡成为商业巨子，春秋管仲让齐国富甲天下，战国时期魏国丞相白圭、秦国吕不韦等都是一代大商。

也许这样说让营销变得太高大上，但商场如战场，实际上营销思维在古代打江山、坐江山、治江山中表现得极为突出。比起“谋国”来，为一人谋、为千人谋都是很浅的层次。一个人要是能做到“谋国”，必须具备远大的目光和超人的洞察能力，这些都不是常人所具备的。谋国建立在对于国家资源、国际关系和战术优劣对比基础上，是对于国家命运的把握，这需要具有大眼界和大智慧才能完成。

职业营销人和部门在新的市场形势和业态下，组织形态和功能也日益多样化。

以阿里巴巴、腾讯、京东等为代表的商业帝国的市值已经远远超过世界上许多中小国家的国民生产总值，甚至能抵上多个国家。营销人要操作这样一个大盘的难度可想而知。

现代企业的营销部门出现了各种不同形式的组织，有的设置了市场部、公关部、企划部、媒体部、品牌部、推广部、新媒体部、策划部、活动部、战略部，还有的直接设置为营销部，部门有大小，人事有多少，功能职责与中心也不一样，但营销的功能没有减少，只是越来越多，越来越细，越来越专业，而且日益体系化、规模化。

随着互联网营销的日益深化，营销部门对于新媒体、大数据、社群营销、资源整合、用户区隔的运用变得日益迫切，营销部门可运用的营销资源、工具和策略变得多样而复杂，这要求营销部门新时代的营销要更为与时俱进，大公司营销部门的专业细分大有取代广告营销公司的趋势，但世界上的事本来就是分久必合、合久必分的。

案例

联合利华市场部裁员的大背景

2016年3月，全球第二大广告主联合利华对外宣布，由于未来一年至少削减10%的产品线业务，联合利华打算削减约2000个工作岗位，其中市场部7000名员工将裁掉超过800名，裁减幅度为12%。市场部是最为“受伤”的部门，因为销售不再那么容易。

作为世界上最出色的营销机构之一，在2016年7月初戛纳国际广告节颁奖典礼上，联合利华首席营销官基思·韦德（Keith Weed）解释了他期待中的转变：将过去针对营销对象进行营销，变为为了消费对象而进行品牌营销。营销工具几乎都被新的数字工具改变了，营销理念及其目标也应做出相应修改。同样，营销组织当中的形式、角色及技巧也都应做出修改。

营销部门现在需要懂得数字广告的技巧，必须想出新的绩效指标，回答所有关于投资回报率的疑问。他们必须通过社交媒体及时与受众互动，并且保持自己在渠道中的真诚形象。但营销部门该做的事远不止于此。营销部门现在需要懂得应用数据的专家，还需要能够主导内容营销和品牌推广的话题专家。他们必须能理解可持续性并知道如何引发爆点。

为应对数字时代的品牌挑战，联合利华在华进行了一系列变革。其中，最值得关注的还是“小行动大不同”的线上平台，把更多消费者的碎片时间利用起来，为大众提供一个可持续生活的互动平台。消费者可以在微博、微信、手机APP和电子商务平台上注册参与活动。这是联合利华将营销战役逐步从线下转到线上，充分利用互联网资源展开营销的重要事件。

联合利华北亚区企业传播及可持续发展总监吴亮表示：“实际上，这个平台也是联合利华大数据营销的一种尝试。这几年，企业会把更多的精力放在数字营销平台的传播和搭建上。”据了解，在未来，这一平台将对联合利华旗下所有品牌开放。该平台将收集和深入挖掘用户参与可持续行动的习惯以及互联网消费的特征，从而更有针对性地展开营销及沟通。

“除此之外，这些线上的平台甚至还可以将整个产业链整合，做到在客户关系管理的层面，与消费者进行深度互动。消费者只需简单的操作，即可通过收集‘微力’等形式，参与到我们的行动中来。”联合利华数字营销与电子商务负责人、北亚区副总裁刘盛雪女士表示。

身处一个营销人员“无所不为”的市场之中，韦德表达了“我们要思考的最大问题”：如何在市场和媒体碎片化的前提下创造出品牌的完整性？联合利华旗下拥有 1000 多个品牌，难度可想而知。“小行动大不同”线上平台，就是联合利华中国区的探索，希望真的能让行业看到联合利华的小行动确实带来大不同。

广告传媒公司的新变局

有人说，人类商品社会的历史有多长，广告的历史就有多长。现代社会互联网繁荣，广告投放的渠道众多，各类创意也层出不穷。

早在奴隶制社会，广告的形式还比较单一，多为沿街叫卖以及商品陈列，可想而知，影响力也是十分有限。到了春秋战国时期，充满智慧的商人们已经开始懂得运用各种资源推广自己的产品，广告的形式也变得更加丰富多样。

这一时期，中国刚完成从奴隶制社会向封建社会的转变，行商和坐贾相继出现，由此，经商者开始制作一些幌子或招牌一类的醒目之物放在店外，以吸引消费者的注意，所谓的"酒肆之招"便是早期广告的一种投放形式。

除此之外，运用"名人效应"扩大影响力的广告创意也开始出现，比如这里有个小故事，就非常值得一提。

话说春秋时期，秦国有一个卖骏马的商人，开业整整三天，没有卖出一匹马。为了打开销路，苦思冥想多日的他终于想到一个好办法——聘请大名鼎鼎的相马大师伯乐为自己站台，充当形象代言人。于是，他立刻找到伯乐，谓之曰："愿子还而视之，去而顾之，臣请献，一朝之贾。"（你帮我站台，我给你出场费）

冲着优厚的出场费，伯乐愉快地答应了商人的请求，当了一回广告代言人，于是不久，商人的马就被人以十倍的价格全数买走，这则广告，堪称经典。

除了名人代言之外，产品“包装”的作用也不可小觑，比如西汉时期，有位著名的美人就是靠一则广告上位，成功踏上了大汉皇宫的红毯。此外，歌姬往往愿对风流才子倒贴，因为最早的广告文案，就是这些“文人才子风流骚客”在青楼中挥就，让歌姬成为“名妓”，身价倍增。

汉武帝时期，宫廷饲养员李延年因擅长音律而博得汉武帝宠爱。他还有个妹妹李夫人，长得如花似玉，“倾国倾城”这个成语，最早就是用来形容她的。李氏兄妹处心积虑想攀附皇门，于是，李延年就想到了编一首歌，以御前献唱的方式隆重推出自己妹妹的主意，这招果然奏效！从此，李夫人大获圣宠，李延年也得以平步青云，从一个养狗的宫奴摇身变成了掌管宫廷礼乐的“协律都尉”。

李氏兄妹的成功，主要在于，李延年不仅是个音乐奇才，还是个难得的广告营销人才。他以一首汉乐府《佳人曲》成功“包装”了自己的妹妹，使得这则广告的受众——汉武帝当即产生了强烈的购买欲望，这才开启了他们兄妹俩的大好前程！可见一个优秀的广告创意，成就的不光是产品本身，甚至是一个团队。

广告业的发展，可以说完全随着技术的变革而不断演化升级。在没有印刷或者不能大规模印刷的时代，广告的传播可以说是纯粹的“以人为本”，口口传播。随着印刷术、报业、杂志的出现，广告业才真正粉墨登场。

后来杂志、广播、电视、网络的崛起，让广告业迅速崛起，广告公司也一直以依托于媒体形式而存在，所以广告公司最早也称为广告代理公司，代理的是媒体广告资源售卖。后来因为广告公司熟悉媒体运作，懂得品牌传播宣传，4A 广告公司成为企业营销广告的代理。随着企业对于营销需求的日益增多和专业化，广告公司也逐渐成为企业营销部门的第三方辅助营销机构，甚至越来越多的专业营销公司、咨询公司、策划公司深度参与企业营销体系建设。

所以媒体与企业营销的变革和需求，决定着广告公司的转变与发展方向。

由于新媒体的崛起，传统依托媒体机构，靠垄断性代理媒体资源获得高额广告收入回报的时期已经过去。在报纸、电视、广播时代，动辄就百万元、千万元计的广告投入时代已经不复存在，取而代之的是以数据营销为核心的绝对数量化、高度精准营销的广告市场需求，让国内一大批传统广告企业几乎一夜之间失去了市场，纷纷转型新媒体营销，一批技术型、线上新型广告公司开始崛起。

现在广告公司也开始呈现三种转变的趋势。

一是媒体代理型广告公司。逐步放弃户外、电视、报纸等传统代理资源优势，转而向代理新媒体资源广告公司转型，以百度、今日头条、微信圈等为代表，但这些广告代理公司都失去了原有垄断地位。

二是互联网技术驱动型广告公司。这批公司都来源于互联网以及各大电商平台，他们熟悉网络运作，懂得互联网广告推广技术与服务，更重要的是，熟悉线上与新媒体游戏规则，他们以自己独有的业内身份，搭建与各大平台相契合的技术平台，为广告主及各大媒体平台提供线上营销推广服务。目前，这批广告公司已经占据相对优势地位，正在着力于与广告主的直接对话与服务，当广告主逐步熟悉并接受后，他们将成为广告市场的主导者。

三是专业型服务公司。这类公司已经脱离广告代理和推广，专注于营销推广方案、品牌策划和市场推广执行，成为企业营销部门的外包机构。在这类企业，专业营销人才将成为发展的关键。

当然，也可以预见，随着社会化营销的碎片化，广告营销公司分工也必然日益细化和日趋专业，需要支撑的机构和内容也必然大增。但可以肯定的是，广告公司已经不能用广告来衡量，取而代之的是营销的需求价值，正所谓：变则通、通则顺。

未来，广告公司已经不是依靠资源垄断的时代，而是自身的专业服务，赚取的也不再是媒体资源差价，而是为客户提供更为专业、优质的品牌服务支撑后，获得的利润，否则在去中心化、去多环节发展大势下，广告公司的生存空间将日益变窄。

案例

传统广告公司的好日子不再

2012年，我在全国各地进行市场调研时，认识了江西一地市最大的户外广告公司负责人，可谓是当地风云人物。由于当地资源和历史原因，该公司负责人温先生，在2000年开始全面进入广告行业。

当时，他代理了当地最大的省级都市报广告，同时经营了一份地市版报纸。另外，由于人脉广泛，当地高速出入口、红绿灯交叉口户外广告大牌，都被温总收入囊中。截至2013年，全年营业额超过了1200万元。

但这一数字成为温先生公司的丰碑和纪录，如今全面下滑，2012年前，作为当地最好的地方版媒体，他也不得不断腕求生存。现在，温先生只有十多个户外大牌（这些大牌也被列入政府整改之列），业务全面进入断崖式下降状态，转型已经成为必然趋势。

温先生在总结其经历时说到，他的成功在于抓住了两大历史机遇：一是传统媒体广告业的黄金发展期；二是房地产的强势崛起，大量的房产广告给了他机会（至今温先生手上最大的资产，都是广告置换的房子和物业）。

但在2012年后，传统广告进入全面下滑期，互联网营销强势崛起，温先生未能转型继续抓住机遇。此外，2014年后，传统广告业已经失去了房地产大金主，户外广告也受到了当地政府大调整和改革影响，发展前景可想而知。

也正因如此，温先生这些年也不断寻求新型营销渠道和平台的试水与投资，但受制于他本身的经历和理念，并未取得重大突破。正如温先生所说："未来是新营销的时代，也是全新的市场变革期，谁赶上，谁就能把握住未来！"

把握新媒体的营销价值

人人都是媒体，人人都是传播者，这是新媒体时代最大的特点。

对于广告主而言，选择最适合、最具价值的媒体进行传播，已经成为越来越重要的课题。

传统媒体数据化，以及精准传播与互动营销成为挖掘媒体价值的市场方向。

近几年，数字媒体和无线终端技术的运用在广告市场呈现迅猛的发展态势，网络、手机、数字电视、商务楼宇广告、地铁大屏幕等数字媒体广告形式的效用已得到越来越多广告主的认可。精准传播、互动营销等依托数字媒体和无线终端技术的新型传播形式，逐渐成为未来广告行业的重要增长点。

据前瞻产业研究院数据分析，互联网广告 2015 年支出增幅达 19%，占全球广告市场的 29.5%，2015 年至 2018 年将保持 13% 的平均增速，到 2017 年超过电视广告成为全球最大的广告媒介，2018 年约占全球广告市场的 37.6%。2015 年中国网络广告市场规模达到 2093.7 亿元，同比增长 36.0%；至 2018 年，整体规模突破 4000 亿元，其中移动广告市场规模突破 3000 亿元。

新闻媒体的价值地位将日益重要，也是拉开自媒体差距的核心竞争力。

广告是让人们获得有价值的商业信息并得到认同，新闻媒体传播的则是新闻信息的真相，让人们了解并形成正确认知。两者实现市场和社会价值的前提都是让受众接触并认可。

广告投放的主战场转向互联网以及新媒体已经成为不可逆的发展趋势。但在这一大背景下，面对具体的单个广告主以及具体的营销方案时，许多人都变得茫然而不知如何处置，更多人随波逐流，有样学样地进行投放和营销推广，效果可想而知。

据统计，2016 年中国各大自媒体平台中，微信公众号以 63.4% 的绝对优势领衔自媒体行业，微博自媒体平台成为用户传播第二渠道选择，其占比为 19.3%。艾媒咨询分析师认为，微信公众号作为关注才能阅读的相对封闭化的自媒体，在一定程度上激发了今日头条、UC 等自媒体的崛起，但各平台之间很难相互转化，整个自媒体市场处于各自封闭状态。

2014 年至 2015 年，自媒体人数量增长迅速，达 37.0%；2015 年至 2016 年，自媒体人数量仍在增长，但增长速率大大放缓。艾媒咨询分析师认为，经过前两年的市场筛选与淘汰，行业对于自媒体内容质量等方面的要求有所提升，能够长期坚持内容更新与运营推广的自媒体人增速不高。庞大的自媒体数量的背后却是“价值内容”的缺失，产生真正有含金量的传播内容日益困难，口水文章、心灵鸡汤、卖萌反而成为主流，这不能不说是媒体的悲哀，也是广告主选择媒体的两难。

现在，行业内部通常以“品牌流量价值、营销转化能力、发展潜力指数和运营创新能力”来衡量自媒体价值，而粉丝总数、评论量、点赞数、粉丝增长趋势等维度是最直观的评判指标，可全面考察自媒体人在内容生产、粉丝运营等方面的综合实力。

如此庞大的数据量，显然已经超出普通企业科学规划与选择的能力范围。

目前新媒体的几大类——互联网门户、电商平台、移动端APP以及在各大媒体端形成的自媒体群，呈现内容抗衡的焦灼状况。同时，传统媒体也正在寻找以自己独特的原创内容进入新媒体市场的方式。

数据显示，2016年中国各类传统媒体在移动端传播渠道的占有情况，报纸媒体融合传播度最高，百强报纸微信公众号开通率高达100%，93%转型APP，广播、电视类传统媒体转型APP占比相对较低。艾媒咨询分析师认为，未来1~2年将是传统媒体转型的黄金期。随着手机网民规模的扩大，用户需求趋于多样化，为了占据手机用户市场，移动端成为继微信公众号的下一个转型风口。

虽然态势火爆，但新媒体依然还处于草根与初始状态，未来的发展方向，即媒体内容提炼与品牌价值的提升将成为主题，自媒体也将贵在自律。

数据显示，2017 年 2 月中国时事类微信公众号影响力排行榜中，传统媒体微信公众号的艾媒指数整体排名靠前，在文章更新数量、用户阅读量、点赞数上占有优势，其中人民日报、央视新闻整体较其他公众号影响力大，都市快报、新闻夜航、南方都市报等传统媒体微信公众号影响力还有一定提升空间。

广告行业竞争加剧，广告投放成本加量，但自媒体刷量行为造成的“虚假繁荣”使广告主产生严重的担忧，广告投资回报率大大低于预期。广告主期待引入第三方进行数据监测，以确保数据真实性，从而掌握推广情况并及时作出营销策略调整。移动广告行业引入第三方监测严格把控数据真实性以获得广告主信任，也将是提升品牌核心竞争力的重大突破口。

在现今媒体营销体系内，脱离于媒体但承担着媒体效益的社群营销正在发酵。有数据显示，2017 年中国网络社群用户在明星社群中最活跃，占比达 53.8%；游戏位居第二，为 45.3%；小说、动漫、地区社群用户活跃较低，分别为 5.8%、6.9%、7.8%。有分析师认为，明星社群推动着粉丝经济发展，游戏社群经济随着游戏行业壮大，小说、动漫等网络社群用户活跃度有待提高，其网络社群经济发展的突破口有待发现。

所以，未来媒体将呈现两极化，一是草根、平民化媒体，二是专、精、准的权威性影响媒体，媒体平台的价值和推广效益也就更为清晰和明了了。

案例

传统媒体的涅槃

我曾有幸接触被誉为中国行业第一报的《古镇灯饰》周刊。这份周刊从2002年创刊至今，经历了最高峰，也遇到低谷，现在也在不断转型，它的发展历程和状态是媒体营销价值的缩影。

在刚创刊之初，《古镇灯饰》被戏称为低规格媒体（一份镇里面的报纸），然而创办人却抓住了当时中国灯饰照明行业上万家企业与全国数十万经销商之间信息不畅通，企业迫切需要一份载体来进行全国渠道招商和网点建设的需求。所以在全国投入了数百人队伍建立了一张发行、信息采集的报纸网络，并喊出了“哪里有卖灯的地方，哪里就有《古镇灯饰》报”的口号。就因为这样，《古镇灯饰》报用最简单投入做了最大的事情，迅速占领全国市场，打通行业信息产业链成为该媒体最核心和最基础的媒体价值。报纸上面被誉为“豆腐块”的几百字市场短讯，也成为行业人士了解市场和交流资讯的平台。

之后，随着信息链的打通，特别是互联网信息的日益丰富，《古镇灯饰》又喊出了“深入决定高度，权威来自专业”的办报理念，打造媒体资讯的品牌栏目和价值，并不断通过各种专业人士和行业高端论坛、盛会，聚集业内顶级品牌、负责人、职业经理人和全国主流经销商，创造业内最权威的专业平台。

正因为专业价值的体现，在其他媒体一个版只能卖一两万元的时候，《古镇灯饰》就可以大胆地报出一个版15万元的高价，而且不打折，一律先付款再登广告。不仅如此，《古镇灯饰》报还培养了一大批专业行业记者和报业经营人员，基本上家居建材行业的媒体或多或少与其团队有着关联。

但2010年后，由于整体媒体经营环境和形势的转变，《古镇灯饰》报辉煌不再，它面临的是传统媒体优势的下滑，报纸版面价格断崖式下降，行业内一些其他媒体版面甚至出现一个版只需要几千元甚至几百元的现象。

现在，《古镇灯饰》报也在不断转型互联网、新媒体，在某种程度上有了新的突破，但与绝大多数传统媒体遇到的转型难题一样，在媒体价值上并没有探寻到更为适合、更具优势的路径。

新营销广告主的需求变化

互联网与电商的发展，造就了中国中小企业的一波又一波创业浪潮，再次让中国企业数量实现了新的激增，带来的则是全新的广告主市场。互联网让营销碎片化、精准化，使中小企业成为“广告主大户”，淘宝则造就了大量的中小企业广告主。

马云的目标是让天下生意不再难做，对于这个目标我们不做置评。但不可否认的是，马云创立的阿里巴巴、淘宝、天猫，包括支付宝，的的确确在房价激增，店面、人力成本快速增加时期，大大降低了创业门槛，两三个人甚至一个人的作坊式个体户、小企业再次迎来春天（当然这个春天去得太快，短短不到十年时间，淘宝店开店成本已经远超实体店面，而且各种推广、营销费用让许多创业者折戟沉沙）。

来自浙江的马云和淘宝，在网上再次构建了一个“网上义乌”，无所不有，无所不卖。而国家大力提倡“大众创业、万众创新”，也为当今的小微企业加了把大火。根据有关部门的统计，目前，我国中小企业有7000多万家，与发达国家尚有差距。比如美国，每10个人中就有一个创业者。所以，中小企业成长的空间还很大，需要得到政府、社会各方面的扶持。

从广告、营销角度看，随着互联网与电商的崛起，中小企业将成为重要的广告投入群体。

互联网销售本质就是营销，企业进入之初就需要有自己的营销思维，甚至营销的投入远大于开店和销售成本。

我们可以简单分析如下：进入互联网、电商的企业，开店成本几乎为零，微商之所以大行其道也正因如此。然而要真正做营销、做品牌，做好电商，做好企业，显然不是如此。产品、品牌上网首先需要的就是流量，需要通过各种途径传播、引流，才能支撑网店销售，广告则成为大头，甚至许多网店广告投入已经超过人工、产品采购成本，成为地地道道的营销型企业。

最重要的是，互联网不仅使开店成本降低，广告投放成本也极低，特别是碎片化的信息载体和多样化的自媒体，精准的数据营销让区域化、小众化、本地化广告投放成为可能。

我们可以简单总结：广告主倾向选择的媒体类型中，社交媒体最受青睐；广告主倾向选择的具体媒体有 QQ、QQ 空间、微信、腾讯视频等腾讯系产品，其已成为中国广告主最看重的媒体资源，另外，新浪微博、新浪网、优酷等也是营销重要阵地；广告主倾向选择的广告形式由 PC 端横幅广告向社交媒体的信息流广告转变；广告主与广告平台的合作讲究投放与数据的可追溯与跟踪的精准化；广告主投放考量则在于广告精准程度、受众覆盖规模和广告平台拥有的媒体资源。

互联网营销不再是大型企业和品牌的游戏，中小企业有着天然的优势，也可以四两拨千斤，让企业营销站在同一起跑线上。

中国广告业对全球广告业的贡献不断增大，在全球广告业中的地位持续提升。电通安吉斯集团于2019年1月14日发布的最新广告支出预测报告提出，根据来自59个市场的数据显示，全球广告支出增幅预计从2018年的4.1%增长到2019年的3.8%，全球广告支出总额将达6250亿美元。从地理位置分析，亚太和北美地区将成为主要增长区域，分别占全球增长的42%和30%。

由于国内消费量的逐步增长和中产阶级数量的持续扩张，预计2019年中国广告支出将增长7%，总投资额将达7170亿元人民币。数字媒体和户外广告在2018年前三个季度分别上涨了15.8%和14.2%，并仍将是2019年广告支出增长的主要推动因素。

虽然传统广告投放大户刚刚进军数字化媒体营销，但是目前占据主流互联网市场的中小企业在互联网领域正以“蚂蚁雄兵”方式努力，这足以改变中国广告市场格局。

同时，随着智能手机的普及，中国互联网广告市场由电脑（PC端）网站广告快速地向移动数字媒体广告转移。根据《2018年通信运营业统计公报》统计，2018年移动互联网接入流量消费达711亿GB，同比增长189.1%，比上年提高26.9个百分点。根据CNNIC发布的《第43次中国互联网络发展状况统计报告》，截至2018年12月，中国网民规模达8.29亿人，全年共计新增网民5653万人，互联网普及率为59.60%，较2017年底提升了3.8个百分点，网民中使用手机上网人群的占比由2017年的97.5%提升至98.6%。

所以，未来网络广告的增长力主要体现在两大方面：广告不再是大型企业的专利，中小企业也在以极为低廉和灵活的营销推广方式进行投放，获得投入与回报的平衡点；大型广告主，则需要重新整合营销资源与媒体，以更为贴近用户的方式去实现广告覆盖，提供大投入、多层次、多维度、多媒体、多样化、多形式的广告方案，对于企业营销部门提出了新要求。

广告主的刚性需求是投放效果，现实结果是用最少的投入获得最大的市场回报。但这不是某一个媒体的单一策略方案，也不是单一服务机构所能完成的，所以最好的方式是缩小客户投放与回报预期之间的差距，提高投放效率，降低成本。

案例

互联网营销品牌的崛起

林氏木业，英文名LINSY，是佛山阿里顺林家具有限公司旗下的品牌，创立于2007年，是以电子商务渠道售卖家具产品的企业，创立当年占据淘宝家具类产品销量第一的位置，2008年销售额破2000万元。如今发展5年多，已从当初的数千元起家到年销量数亿元，自有工厂仓库和三间线下体验馆。据非官方数据统计，2012年淘宝“双11”活动期间，林氏木业销售额居家具类第三位。

在家具行业，乃至家居建材行业，林氏木业可以说在生产销售方面与老牌家具制造品牌还有相当差距，但就是在这短短几年时间，林氏木业已经成为家具行业领军品牌企业的代表，之所以如此，是新兴互联网和电商崛起的大势所致。

现在林氏木业锐不可当，但在分析和总结其成长过程时，大多数观点是：2012 年 11 月 11 日，淘宝推出年度促销活动。根据活动后的非官方统计数据，在家具领域，全友家私销售额上亿元，顾家家居达 6000 万元以上，林氏木业位居第三。这或许是它第一次如此直接地面对来自传统家具企业的压力。产品力成为这个压力之下最脆弱的一环，配送安装售后则是其冲破压力的瓶颈所在。进驻淘宝的传统家具企业很多都拥有长期的品牌积累和雄厚的产品资金实力，早已布局的经销商网络成为他们完成线下配送安装售后的天然条件。毋庸置疑，这是传统企业布局电商的优势，也是林氏木业在短期内难以望其项背的能力。但专业的运营团队是林氏木业的优势，经销商给传统企业带来了便利的条件，也带来了利益掣肘。至少短期内，在这个尚且平衡的关系网中，还没有哪一方可以形成绝对优势，这也是林氏木业的机会所在。

目前，林氏木业的重心在线下，200 多名员工组成了售前售后客服、跟单、采购、财务、仓库管理等11个部门。其中，客服人员所占比例最大。公司所售产品大部分由自己的工厂生产，小部分由合约工厂代加工。凭借互联网营销和品牌的成功，林氏木业背后整合了上千家生产制造企业，形成了相对完善和成熟的生产、制造供应链体系，这也意味着林氏木业成为品牌和互联营销驱动型品牌。但产品的配送安装和售后服务一直是林氏木业未能解决好的问题。

目前，珠三角地区的产品配送安装都由林氏木业自己的团队完成，其他覆盖地区则包括杭州、上海、北京、天津等，这些城市的产品配送安装都由第三方服务商负责，林氏木业的产品安装都比较简单，所选择的服务商也是可以信任的专业商家。林氏木业以这种方式暂时解决了因没有经销商而带来的配送问题，但其市场拓展也因此受限于第三方服务商的覆盖区域。在这方面，互联网营销品牌的投入，远超过制造、生产的投入，这也是众多互联网营销品牌必然之路，也造就了越来越多、越来越庞大的新型营销广告群。

不仅是互联网营销品牌，随着“互联网＋”的崛起，未来包括类似林氏木业这样的品牌，以及传统制造和线下销售型品牌，走新型互联网营销之路也将成为主流。

营销平台未来变革的趋势

前面已经多次说到，营销已经越来越复杂，因为人力成本、社会成本上涨，企业经营效率提高，对于节省成本、节约时间、结果有保障的专业营销平台的需求也将越来越大，当然，面临广告主更为苛刻、更为专业的监控、考核要求，难度系数也将成倍增加，但这正是我辈营销人士应该接受的挑战。

核心广告机构、营销平台，需要不断扩大自身实力，布局各类终端及服务，提高影响力，创新营收模式；广告技术不断革新，实时竞价（Real Time Bidding，RTB）产业链逐渐完善，ADX 广告实时竞价交易平台与 DSP 需求方平台涌现；注重用户数据挖掘与内容创意的原生广告等新兴网络营销形式将进一步挖掘网络媒体的营销价值。这些都将为未来国内广告市场的发展带来动力。

广告主日益重视新营销生态下的品牌管理和维护建设，专业人才的匮乏为专业平台提供了巨大机会。

随着各行业标杆企业品牌管理意识的增强，越来越多企业希望以统一的声音来传递自身企业的品牌信息，维护统一的品牌形象。然而，由于不同类型的传播活动分别由专门的公司负责，如广告公司负责广告、促销工作，公关公司负责公关传播和活动策划，活动公司负责地面推广活动等，其分工过于精细，各司其职，导致企业传递出的信息缺乏一致性。上述因素促使营销服务商从提供单一的营销服务向提供整合营销传播代理服务转型。相较于简单地运用多种营销手段提供综合服务，整合营销传播强调品牌内容与传播载体的高度契合，以品牌内容为核心，注重刺激受众对品牌传播的主动参与、体验与扩散。

技术进步的价值，在于让人们的生活、工作变得更为方便、快捷、高效，对于营销而言也是如此。但实际情况是：广告主缺乏专业的互联网营销人才，更没有来得及组建专业的营销团队来参与企业的社会化营销；另外，大量流量信息媒体正在不断切割用户和受众群，自媒体的快速崛起与增长，更是加剧了营销推广时选择媒体的难度；而由于社会化营销需要综合运用各种工具、数据和营销战术灵活多变，这无疑不是企业原先千人一面的传播所能比拟的。

营销和传播内容的日益复杂多样化，让企业主对于一站式营销服务商需求日益增强。互联网及移动互联网的发展丰富了营销传播方式。营销方式的多样化、碎片化、互动化使得受众触媒方式从传统的单点接触不断向多点接触演进。多渠道营销极大地提高了企业品牌形象的传播速度，然而多渠道营销导致的传播节奏不协调、传播声音不一致的问题也越发凸显，企业品牌形象的传播复杂度大幅度提高。

同时，在传统业务模式下，多家营销服务商在各自领域共同为企业服务，他们围绕着企业分别开展品牌咨询、广告创意、数字营销、社交媒体互动、客户关系管理业务。多家营销服务商对企业品牌文化、传播主题、创意方向的理解差异，进一步加大了企业品牌形象的塑造难度。因此，能够综合统筹线上线下各类媒体，及时优化调整营销策略，并能够提供从用户洞察、营销策划、创意实现到媒介投放一站式服务的营销服务商将越发受到广告主的欢迎。

任何一个行业的创新都不是一蹴而就的。一开始是在细分领域有建树，在行业内彼此学习；接着，行业聚合平台就慢慢出现了。现在我们在线支付几乎只有支付宝、微信，打车几乎以滴滴为主，外出吃饭几乎只看大众点评，出门旅行基本就去哪儿和携程那几个平台，广告营销这个行业似乎还在传统的报价、比价、提交方案、发个邮件传统方式下进行，这种现状是不符合时代发展的。

在这种背景下，我们可以在网上稍微查询下，互联网营销、精准营销、数据营销、新媒体营销等各类营销公司如雨后春笋般出现在各地，但这只是变化的开始。

在这当中，一批以技术渠道整合媒体资源、营销大数据的平台颇受广告主与投资人青睐。随着全球数字化技术革命的推动，互联网以及移动互联网普及率不断提升，社交网站、视频网站、APP 等新型传播媒介受到热捧，电子商务网站也日趋成熟，使得品牌主可以利用的媒介工具日趋多元化；同时，新技术如需求方平台（DSP）和数据管理平台（DMP）的应用，为整合营销传播代理服务行业营造品牌传播效应提供了更为丰富的可选择方案。

综观互联网广告主投放策略，跨屏整合营销的步伐在加快，全网多触点互动营销时代来临；随着大数据的广泛应用，媒体购买在向受众购买转变；用户体验被重视，以信息流广告为代表的社交侵入式广告崛起并被用户认可接受。广告主应以积极心态迎接数字营销挑战，重点关注移动自媒体、内容营销及技术变革可能带来的传播革新。

品牌互联网营销是一个综合系统工程，随着互联网的成熟，现在已经开始构建集“内容制作＋营销服务工具（平台）＋专业渠道整合（媒体资源）＋专业营销服务”为一体的产业服务链，所以企业在选择互联网营销合作伙伴时，应该清晰把握对方所处的产业链位置，这样才能准确地把自己的品牌营销需求传达给服务机构，从而用更为专业的服务来实现自己的营销目标。

案例

数字镭背后的媒体服务体系

我创办数字镭（DMLei）的初衷是想解决身边朋友们做互联网营销时找不到合适的推广渠道的问题，毕竟大多数企业负担不起专业广告公司的服务费。于是我们的团队就想为企业提供一个在互联网环境下的营销资源交易平台，让广告主、内容创作者、流量方三方在这里能很快找到合作伙伴（有点类似互联网营销行业的京东），搭建一个交易平台来帮助三方解决交易、效果跟踪及长期发展的问题。

当然，在大数据时代里，着手搭建这样一个平台，首先就需要对媒体资源进行整合。考虑到企业需要的是多样化、多层次的营销服务，我们利用技术手段开发了一系列方便客户获知效果的功能，比如发布数字镭媒体指数、开发品牌检测工具等，将零散的互联网数据归整起来，形成一套数据标准。换句话说，我们希望企业与流量对接，让传播可见、可感、可预测。

平台开通后，直观的功能就是让广告主在浩如烟海且高度碎片化的信息中找到一个快捷、高效、可数据化和可跟踪的传播方式。因为数字镭的功能以落地实用作为出发点，这让我们也积累了首批用户。后来，我们在运作数字镭的过程中也逐渐发现，客户使用数字镭平台的体验和需求变得日益专业。正如马云曾提出的“新零售”概念，客户对传播的需求简单地归结为：更快速、更有效、更有体验感，甚至是沉浸感。

数字镭现今已开发了近四年的时间，团队接连推出了互联网广告交易系统，针对广告公司、传媒机构的自有品牌 OEM（贴牌代工）SAAS 系统，互联网营销广告智能投放方案生成系统，以及品牌检测体检系统等。后来我们发现，客户从下单到最终的投放都需要参与其中，而我们的效果跟踪系统全程对投放过程进行监测。在服务企业的过程中，我们不断积累效果数据，然后通过数据分析为广告主匹配更合适的媒体渠道，从而形成平台最终的竞争力。

数字镭建立在互联网营销大数据的应用基础上，这其中有线上线下的搜集、合作伙伴数据的提供、用户行为数据的积累等，将一点点的零散数据入库，最终分析出各大媒体和渠道的搜索引擎友好程度、用户画像、广告投放回报率（Return on Investment，ROI）等，这些数据为企业选择媒体和渠道投放提供了切实的数据。此外，平台采用开放式合作模式，结合各大搜索、社交、自媒体、移动端和相关平台数据，使平台与品牌之间的数据进行关联，并且建立品牌美誉度指数，为品牌建立了一个可以量化的基础标准。

这或许也是未来营销的趋势，大数据加持针对大量碎片化信息进行梳理，数字镭也根据这些年互联网营销的发展趋势，总结了媒体、广告主、广告公司及相关服务机构的营销经验，形成了自己的互联网营销理论。我们将其归纳为互联网营销的四大维度指数：基础品牌营销指数、社群口碑营销指数、媒体关注指数，以及在此基础上构建的品牌互联网营销综合指数。如今，数字镭已经得到广大中小企业主和投资机构的认可，并完成多轮融资。

现在的数字镭因为拥有独特且专业的服务体系，也拥有了自己独特的用户群，从广告主、广告公司、媒体机构，到具体的企业市场部、企划、策划、品牌、公关、媒体从业人员，形成了平台的用户体系，这也是我们一直努力和前进的方向。

数字镭能够顺利走向市场，其实也是中小企业急需营销策略、有效传播的一个缩影。

后记

作为一个创业者和一个写书“菜鸟”，这本书我断断续续写了一年多。在写作过程中，市场一直在快速变化。开始动笔那会儿微信公众号刚刚兴起，收笔的时候几乎所有人都已经在刷抖音了，并且抖音的海外版 Tik Tok 在泰国、日本等多个国家稳居应用商店（App Store）榜首。再想想当年的校内网、微博等产品，都曾是风靡全国的好产品，但最终都是一两年就“城头变换大王旗”了。追本溯源，每一个产品更迭的背后都是一种新技术的应用普及，从电脑到智能手机，从 3G 到 5G，从文字到视频处理，从订阅到智能推送，每一次技术的革新都意味着一个全新的商业体。

未来，从社会生产结构的变化来看，大数据将成为新的生产资料，人工智能将成为新的生产力，而区块链技术则会形成新的生产关系。自然而然，营销产业链也会因此发生翻天覆地的变化。如果不自己革命，那就会被别人革命，其实传统广告行业已经被革命了。

首先看生产资料。如书中提及的 CRM 体系、用户行为分析、产品关联性分析等，针对这信息进行的数据分析结果都会被存储下来，并依此给相应的用户和产品打上标签，最终成为社会化营销中的生产资料，以备各种延展产品的未来调用。

其次看生产力。如上所述，所有新商业体都建立在新生产力基础之上，生产力发展会带来新的经济变革。从营销的角度来看，只有通过人工智能才能解放现在的生产力。现代商业中有大量人员从事电话销售、地面推广、客服等工作，他们的工作大多流水线化、固定化，那么这些工作势必被人工智能所取代。当技术人员获取了用户的大数据后，他们将比传统的工作人员更加了解客户的偏好，就可以开发出适合每个用户的单独服务体系。比如，现在逛淘宝的时候，你是否注意到每个人看到的页面广告和产品不一样？你是否发现看到的页面上显示的大多数产品都是自己喜欢和想买的东西？这种生产力的变革带来的发展超乎想象。在可以预见的未来，将会有大部分销售人员和推广人员被机器所取代。

最后看生产关系。随着科技的发展，现代的社会生产关系已经逐渐不能满足全球化的需要。全球化协同和销售都受到信任的制约，区块链通过工作机制证明和相应的价值体系能很好地解决这一问题。比如，在过去的十年中，数字广告业的收入规模已经成长至数千亿美元。在它为媒体主和广告主带来巨额利益的同时，其自身面临的诸如产业碎片化、高昂的代理商成本、点击欺诈等各种问题也越发严峻。区块链技术可以通过公平的智能合约和透明化的数据，将所有的广告主、媒体主和受众聚集在一起，建立他们之间的信任，提高数字广告业的运作效率，减少乃至消除欺诈广告带来的损失和负面影响，最终形成新的生产关系。

整体而言，本书一半讲“术”，一半讲“法”，也是我自己创业多年的总结，不一定立竿见影，但相对实用。术者，技术、技巧，学问之基本层次；法者，于术精通而升华成理，复以理指导术之提高，学问之提高层次。希望读者能通过书中的古今案例分析，了解相应的方式方法，最终有所收获，从而对工作有所助益。

王青云

2019 年 10 月